K线技术
给出明确的买卖时点

买时K线 一买就涨 卖时K线 一卖就跌

（第二版）

付 佳/著

经济管理出版社
ECONOMY & MANAGEMENT PUBLISHING HOUSE

图书在版编目（CIP）数据

K线技术给出明确的买卖时点/付佳著. —2 版. —北京：经济管理出版社，2016.4
ISBN 978-7-5096-4300-6

Ⅰ.①K… Ⅱ.①付… Ⅲ.①股票交易—基本知识 Ⅳ.①F830.91

中国版本图书馆 CIP 数据核字（2016）第 068419 号

组稿编辑：勇　生
责任编辑：勇　生
责任印制：杨国强
责任校对：蒋　方

出版发行：经济管理出版社
　　　　　（北京市海淀区北蜂窝 8 号中雅大厦 A 座 11 层　　100038）
网　　　址：www. E-mp. com. cn
电　　　话：（010）51915602
印　　　刷：三河市延风印装有限公司
经　　　销：新华书店
开　　　本：720mm×1000mm/16
印　　　张：14.25
字　　　数：178 千字
版　　　次：2016 年 6 月第 2 版　　2016 年 6 月第 1 次印刷
书　　　号：ISBN 978-7-5096-4300-6
定　　　价：38.00 元

前　言

　　股市给人们的印象虽然是变幻莫测、风云突变的，但也并不是毫无规律可言。在动荡的股市行情中，股民们可以通过多种分析方法和技术指标对股市的未来走向作出判断，而这其中，K线分析法则是应用最广泛、最简单，也是最实用的一种技术分析方法。

　　进入股市，股民首先接触到的便是K线图。通过K线图上的K线走势，我们可以清晰地看到股价的运行轨迹。在红红绿绿的K线图上，我们不仅能看到股价当天的走势情况，还能看见股价在过去一段时间的走势情况，也就是该股股价的历史走势。不过，K线走势图不只是这一点作用，除了能够反映股价历史走势之外，还蕴藏了丰富的市场信息。

　　首先，K线的走势能够直接显示出反转和大趋势持续的这样一种状态。这些K线在不同的时间和不同的位置，具有着不同的意义。说白了就是包含着不同的市场信息。而典型的K线或者K线组合，更是蕴藏着明天的反转信息。所以，投资者可以通过观察K线在一段时间内的走势情况，来帮助自己预测股价是处于上升、下跌还是盘整的趋势中。比如，当个股处于底部区域时，K线经常会走出较为经典的底部形态；当个股处于顶部区域时，K线经常会走出较为经典的顶部形态；当个股处于上涨或下跌行情末期时，往往会出现衰竭缺口。所以透过K线走势，投资者就能够看出市场的真实交投情况，了解庄家最

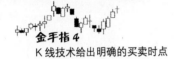

近时期的控盘效果和控盘目的，也对股价后期走势有了准确的判断。

其次，K线走势是庄家动向最为直接的体现。庄家是趋势的制造者，是走在市场前面的、先知先觉的资金持有者。而K线走势就是可以帮助我们发现庄家行踪，了解庄家意图的最准确的盘面信息。投资者可以从K线图上总结市场规律，发现庄家意图，解读其中蕴涵的市场信息，从而准确预测后市股价走势，使自己在股市这个不见血光的战场中得以生存下去。

最后，K线图可以反映出买卖时机，对实战操作具有重要的指导意义。例如，当个股持续上涨一段时间后，股价在上涨行情末期的高位运行时，表明股价上涨乏力，空方逐渐占据市场主导力量，是明显的卖出信号；当个股持续下跌一段时间后，股价在下跌行情末期的低位运行时，表明股价开始止跌企稳，多方力量不断增强，是强烈的买入信号。

为了帮助股民学习并掌握这种实用的K线分析方法，我们特此编著了此书。在本书中，笔者对单根K线、K线组合以及K线形态的形成过程进行了详细的讲解，并配以实际案例和示意图进行说明，以方便读者认识、掌握K线的基础知识，从而进一步掌握它的市场意义和技术要点，最终能够在实战中得到应用。

除此之外，本书还对庄家控盘过程中的各个阶段，通过通俗易懂的语言以及实际的案例来对K线不同阶段的形态进行剖析，以便帮助读者了解庄家意图，制定与之匹配的操作策略，使自己在多变的股市能够从容应对。

在本书的最后两章，通过解读量价关系对K线的技术面内容做了较为详尽的讲解，力图让读者全面深刻地理解股市技术分析方法。同时，最后一章经典案例的解析，是对前面K线知识进行的整合总结。通过这一章的内容可以使读者对K线形态以及其实战意义有更为直观

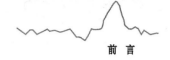

的了解。

虽然 K 线的优点很多，但是投资者不能盲目地迷信 K 线，更不能仅仅依靠 K 线图就对个股走势进行决断。因为股票市场总是风云突变，捉摸不定的，所以在实际操作中，投资者应该结合其他对 K 线分析起辅助作用的技术面内容，例如成交量、均线等，同时，还要保持正确的心态，这样才能在股市中胜之有道。

总体来说，本书在章节安排上，首先，对 K 线的基础知识进行讲解论述；其次，对 K 线组合以及 K 线形态由点及面进行了全面的讲解；再次，我们分析了庄家控盘各个阶段的 K 线形态特点及实际案例；最后，通过量价关系和经典案例的解析，使读者能够更加直观地解读 K 线走势。在全书的介绍讲解过程中，我们既注重理论知识，也注重实例解析，希望读者在读过本书后，能够掌握 K 线的分析之道，并能够把它们应用到实战过程中去，把握买卖时机，在股市中获得稳定的收益。

本书在成稿过程中，得到好朋友张利、李现军、丁朋、周滢泓、袁登科、冯少华、郭海平、曹的郡、卓盛丹、陈耀君、刘燕、米晶、陈艳春、戴晓慧、王丹、金丽静、陈鸿等人的协助，在此表示谢意！

欢迎读友加入 QQ1627788375 或 QQ 群 248509269 为好友，探讨交流。

目　录

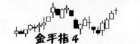

第一章　K线简介

第一节　K线的起源

K线最早起源于日本。300多年前，日本还处于德川幕府时代的时候，从事粮食生意的商人就用这种高低起伏的线记录粮价的涨跌。

当时的米市就像现在的股市一样，其波动紧紧地系着米商的心。渐渐地，米商们为了提高粮价涨跌的预测准确率，就将每天的粮价波动都用图形的方式记录下来，久而久之，就成为了K线的雏形。

起初，人们并没有对这种简单的图标图引起重视。后来，美国人史蒂夫·尼森出版了《阴线阳线》，向全球的投资者展示了这种简单好用的"日本K线图"，随即引起了巨大的反响。也因此，本来发源于日本的K线，却把"K线之父"的帽子扣到了一个西方金融者的头上。

后来，越来越多的技术派人士开始在证券市场使用这种图标，逐渐发展成为了一套成熟的股市分析理论。由于是由两种对比色组成的，K线也叫做阴阳线，在古老的日本，它也曾被称为蜡烛线、日本线、棒线、酒井线，等等。

如今，K线已经成为了全球的股票投资者必备的炒股基础知识之

一，在东南亚地区尤为流行，被人们奉为"预测股市最简单却最有力的工具之一"。相对于西方人以数据为生命的定量分析方法，K线则显得更为形象、生动。它不仅在全球各地得到了广泛的应用，更为无数的入门级投资者起到了过渡的作用。

第二节　K线图的表示方式

学习K线图，要从K线的表示方式开始。

一般情况下，单根K线是由开盘价、收盘价、最高价、最低价这四个价位组成的。如图1-1所示，阳线的开盘价低于收盘价，表示当天股价的上涨趋势，阳线中间的矩形是个虚框，在炒股软件中多用红色虚框表示（有时也用红色实体表示）；阴线的开盘价高于收盘价，表示当天股价的下降趋势，其中间的矩形为实体，在炒股软件中多用绿色实体框表示。实体的长短则代表了收盘价与开盘价之间的差额。

另外，矩形框以上叫做上影线，以下叫做下影线。

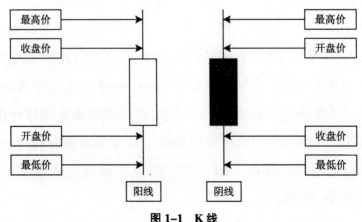

图1-1　K线

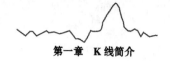

第三节 不同角度下的K线分类

一、按时间分类

按时间分类，K线可以分为年K线、月K线、周K线、日K线，如果再细分，也可以把日K线分为时K线、分钟K线等。不同的K线有着不同的意义和作用，时间段较长的K线反映的是中长期的股价走势，时间段较短的K线反映的则是短期内的股价走势。而细分后的时K线、分钟K线反映的是更短周期的股价走势。

各类K线的绘制方法都大体相同，都是采取一个时期的开盘价、最低价、最高价、收盘价进行分析绘制。例如，日K线的绘制方法，先找到这一日的开盘价、最低价、最高价、收盘价，就能把它绘制出来。随着科技的发展，电脑软件已经代替了原始的人工绘制，无论哪种K线，只要在软件上输入数据，都会显示出需要的K线图。但是为了更好地研判股市趋势，对K线图的原理和绘制方法是应当掌握的。

二、按形态分类

从形态上划分，可将K线分为阴线、阳线和同价线三种类型。同价线是指开盘价和收盘价处于同一价位的一种K线，同价线按是否有上、下影线又分为长十字线和十字线，按上、下影线的长短又分为T字线、倒T字线和一字线，如图1-2所示。阳线是指开盘价低于收盘价的K线，阳线根据实体的大小又分为大阳线、中阳线和小阳线，如图1-3所示。阴线是指开盘价高于收盘价的K线，和阳线一样，阴线

也可分为大阴线、中阴线和小阴线，如图 1-4 所示。

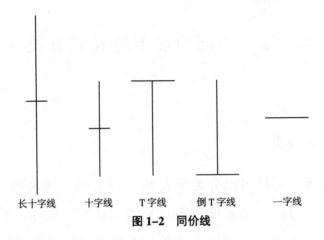

长十字线　　十字线　　T字线　　倒T字线　　一字线

图1-2　同价线

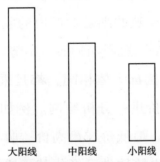

大阳线　　中阳线　　小阳线

图1-3　大阳线、中阳线、小阳线

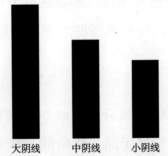

大阴线　　中阴线　　小阴线

图1-4　大阴线、中阴线、小阴线

第二章 单根 K 线的含义及实战价值

第一节 各种阳线的技术新解

一、大阳线

大阳线是最高价与收盘价相同，最低价与开盘价相同，没有上、下影线的一种阳线。会出现大阳线的情况是：一开盘，买方就会表现得非常积极并且主动进攻，到中途可能会出现买卖双方争夺的情况，但买方发挥最大力量，占据优势，使股价从开盘直到收盘都一路上扬。

如图 2-1 所示，东风汽车（600006）在经过一段时间的缓慢上涨后，2012 年 2 月 27 日，收出一根大阳线，从而使股价突然拉高，并一路上扬。此时投资者可以积极买入。

投资者见到股价出现大阳线形态，需要注意的是：

（1）当股价运行到低价区域突然出现大阳线时，投资者应该买进。

（2）当股价长期盘整之后出现大阳线时，投资者可大胆跟进。

（3）当股价运行到高价区域出现大阳线时，投资者应高度重视，谨慎对待，持币观望为佳。

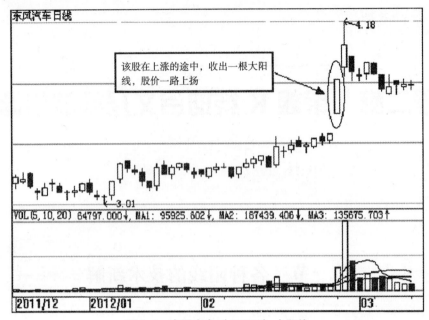

图2-1 东风汽车（600006）大阳线

二、中阳线

中阳线一般是指涨幅在 3%~6% 的一种阳线。在大盘没有高开的情况下，大盘上的中阳线是指大盘涨幅在 1%~3%。如果大盘高开，则依据阳线实体的大小来判断。中阳线对大盘也有影响，多代表后市看涨。但在很多情况下，中阳线往往也会成为股市的转折点。

如图 2-2 所示，中国国贸（600007）股价在经过一段长期上涨行情途中，2012 年 2 月 10 日，收出一根中阳线，是股价较前期较为快速的拉升。随后股价继续稳步向上运行。此时出现的中阳线预示后市股价看涨，投资者可以进行买入操作。

投资者见到股价出现中阳线形态，需要注意的是：

（1）股价在上涨途中出现中阳线，则表明后市仍将继续看涨，投资者可积极买入。

（2）中阳线多代表后市看涨行情，但当股价在高位区域运行较长

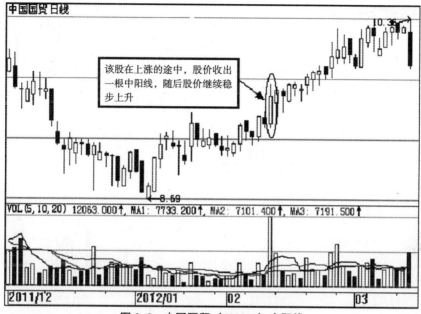

图 2-2 中国国贸 （600007） 中阳线

时间后出现中阳线，则可能是行情反转的预兆，应当引起投资者的高度关注。

（3）股价在运行中出现中阳线，应当就具体情况进行判断，不能完全作为股市的晴雨表。

三、小阳线

实体比较短，并带有短上影线、短下影线的一种阳线，称为小阳线，其中，带有的上、下影线可以有不同的变化，可以是上长下短，也可以是上短下长等。小阳线出现多表示多空双方的小型对抗，以消化获利盘和解套盘，在一般情况下，仍将继续原有趋势。

如图 2-3 所示，中江地产 （600053） 在上涨的过程中，连续收出多条小阳线。这些小阳线的出现，表明多空双方出现小型对抗，消化获利盘和解套盘，股价仍将继续向上运行。投资者见到小阳线出现，可以跟进买入股票。

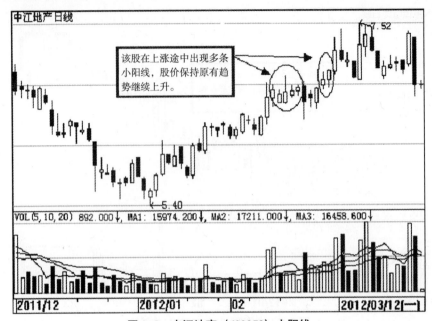

图 2-3　中江地产（600053）小阳线

投资者见到股价出现小阳线形态，需要注意的是：

（1）在一般情况下，这是多空双方在进行小型对抗，股价仍将继续原有的趋势。

（2）当连续出现或次日出现成交量放大的阳线时，那么股价必将会迎来一段上涨行情。投资者此时可以跟进，进行买入操作。

四、伪阳线

伪阳线就是当日收盘价格低于上个交易日收盘价格但高于当日的开盘价格的一种阳线。在K线图上，K线虽然呈现阳线，但是股价却为负的，因为当天的收盘价要低于上个交易日的收盘价。

如图 2-4 所示，金隅股份（601992）股价在底部横盘整理的过程中，2011 年 12 月 22 日，收出一根伪阳线。这根阳线的收盘价为 7.52 元，低于上个交易日 7.59 元。因此，投资者见此形态出现后可继续观望，股价开始上升启动时再进行买入操作。

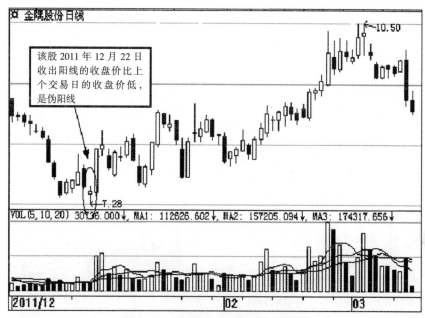

该股 2011 年 12 月 22 日收出阳线的收盘价比上个交易日的收盘价低，是伪阳线

图 2-4 金隅股份（601992）伪阳线

投资者见到股价出现伪阳线形态，需要注意的是：当股价在底部收出阳线时，这种阳线多为伪阳线，投资者不要轻易跟进。

五、阳一字线和阳十字星

一字线是以涨停板或跌停板开盘，全日基本都在涨停板或跌停板价格成交，一直到收盘为止的一种 K 线图形。该形态的特征是开盘价、收盘价、最高价、最低价几乎相同。

而阳一字线则是以涨停板开盘，全日基本在涨停板价格成交直到收盘为止的 K 线图形。

如图 2-5 所示，*ST 中达（600074）在上涨过程中，2012 年 1 月 30~2 月 1 日，连续三个交易日出现了阳一字线。股价在这期间都以涨停板开盘，并被快速拉升到高位。随后股价在高位经过一个多月的震荡横盘，股价开始下跌行情。投资者可在出现阳一字线当天进行买入操作。

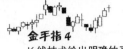
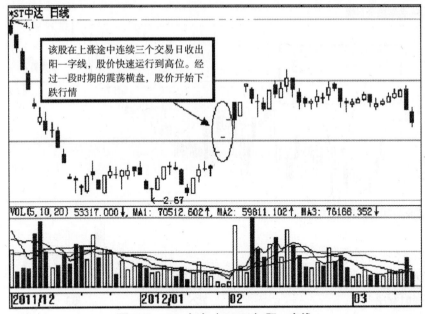

图2-5　*ST 中达（600074）阳一字线

投资者见到股价出现阳一字线形态，需要注意的是：股价在上涨初期出现阳一字线，表示该股出现一些重大利好消息并被一些先知先觉者捷足先登。因此，在上涨初期出现阳一字线，投资者应采取积极做多策略，在出现阳一字线形态当天买入。

十字星是只有上、下影线，没有实体（或实体很短）的K线图形。其中，十字星的上、下影线并不是很长。十字星的特征是开盘价与收盘价的价位基本相同。十字星表明买、卖双方的力量势均力敌。卖压越重则十字星的上影线越长，买盘越旺盛则下影线越长。通常情况下，十字星出现在股价的高位或低位，用来判断行情是否反转。

而阳线十字星则是十字星以阳线形式呈现出来的K线图形。阳十字星，表示买方量较强。

如图2-6所示，海泰发展（600082）经过一段较长时间的上涨行情后，2012年2月27日，股价在高位区域出现阳十字星形态。这个阳十字星是在股价持续上涨到高位出现的，这往往是行情即将反转的

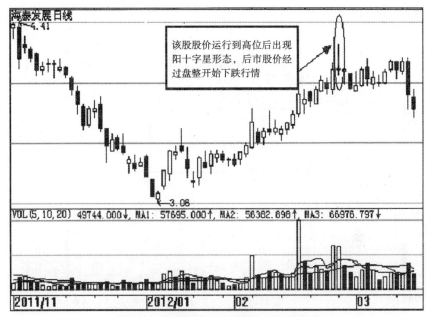

该股股价运行到高位后出现阳十字星形态，后市股价经过盘整开始下跌行情

图 2-6 海泰发展（600082）阳十字星

信号。从后市股价的运行来看，股价经过一段时间的高位盘整后开始了下跌行情。投资者在高位见此形态，应选择合适时机卖出。

投资者见到股价出现阳十字星形态，需要注意的是：不管这种形态是出现在高位区还是低位区，行情都有可能出现反转。因此，投资者应当注意辨别。

六、上影阳线和下影阳线

在 K 线图中，上影线是从实体向上延伸的细线部分。在阳线中，它是当日最高价与收盘价之差。上影阳线是带上影线的阳线，它表示，买方在开盘后就发动猛烈的攻势，导致卖方措手不及，致使股价一路高升，直到收盘前，股价却遭受到卖方打压，导致价格回落。

如图 2-7 所示，华能国际（600011）股价在上涨的过程中，2012年 1 月 17 日，股价在高位运行时出现了上影阳线。这表明买方力量强于卖方，但由于卖方的打压，股价在次日便收出了一根阴线，价格出

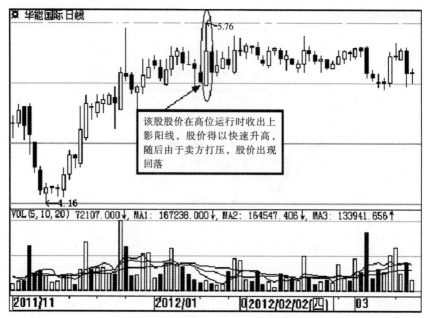

该股股价在高位运行时收出上影阳线，股价得以快速升高，随后由于卖方打压，股价出现回落

图2-7　华能国际（600011）上影阳线

现回落。

投资者见到股价出现上影阳线形态，需要注意的是：

（1）影线比阳线实体短，表示在高价位时买方遭到阻力，不得不回吐一些多头获利，但仍有足够的力量主导市场，后市会继续上升。

（2）影线与阳线实体同长，则表示买方向上推动股价，来增加卖方的压力。从而迫使卖方不得不把股价压回一半，这么做卖方会逐渐处于优势。

（3）影线比阳线实体长，表示买方在高价位时遭遇到卖方的压力，卖方全面反攻，致使买方面临严峻考验。多数短线投资者获利回吐，在当日交战结束后，卖方占据市场主导力量。如果在高价区出现了上影阳线，就代表后市看跌。

在K线图中，从实体向下延长的细线部分就是下影线。在阳线中，下影线是当日最低价格与开盘价格之差。带下影线的阳线，我们称为下影阳线，表示开盘后，卖方力量较强，股价下跌，当跌幅较深时，抛压减轻，股价回升，不断上涨，最终以最高价报收。

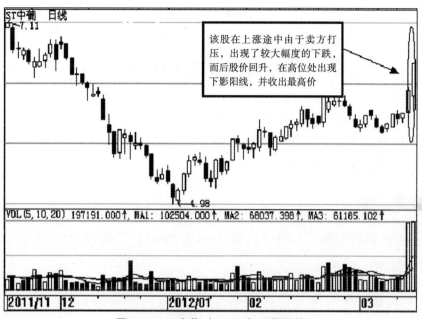

图 2-8　ST 中葡（600084）下影阳线

如图 2-8 所示，ST 中葡（600084）在上涨的过程中，随着卖方力量的增强，股价出现回落。随后股价开始反弹，2012 年 3 月 15 日，股价在高位出现下影阳线。该形态的出现使股价以最高价报收。投资者此时可选择卖出操作。

投资者见到股价出现下影阳线形态，需要注意的是：

（1）影线比阳线实体短，代表价位下跌幅度较小，即由于买方的支撑，价格上扬；当开盘价低于股价之后，还不断继续推进，则表明买方的实力雄厚。

（2）影线与阳线实体同长，则表明买卖双方交战猛烈，整体上来看，主导地位被买方占据，形势有利于买方。

（3）影线比阳线实体长，表示在低价位上买卖双方交战猛烈，遇到买方支撑逐渐迫使价位上涨，但阳线实体依旧较小，就表明买方优势不大，如果次日遭遇卖方大力反攻的话，买方实体就会被轻易攻占。

在低价区出现下影阳线时，投资者可买入。

第二节　各种阴线的技术新解

一、大阴线

大阴线是最高价与开盘价相同，最低价与收盘价相同，没有上、下影线的一种阴线。大阴线出现表示市场处于严重的跌势当中，尤其在高价区域，则更为危险。

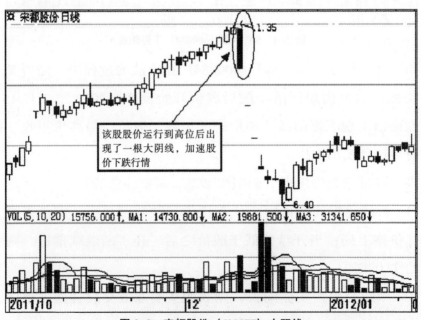

图 2-9　宋都股份（600077）大阴线

如图 2-9 所示，宋都股份（600077）在一波上涨行情之后，2011年 12 月 13 日，股价运行到高位区域收出一根大阴线，这是强烈的看跌信号。以后几个交易日股价接连跌停，投资者应果断卖出，清仓出局。

投资者见到股价出现大阴线形态，需要注意的是：

（1）当股价运行到高价区域出现大阴线时，是股价行情反转之兆，投资者应尽快卖出股票。

（2）当股价在盘整之后出现大阴线时，表明多数投资者看淡后市，投资者应卖出股票。

（3）当股价在低价区域出现大阴线，表明市场卖压较小，投资者可继续观望。

二、中阴线

中阴线就是收盘价与开盘价的距离处在小阴线与大阴线之间，是阴线的一种。

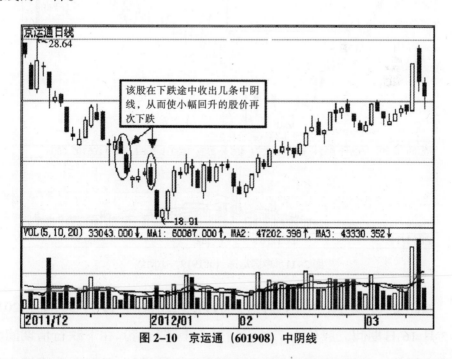

图 2-10　京运通（601908）中阴线

如图 2-10 所示，京运通（601908）在下跌的行情中，股价收出多条中阴线。虽然在此过程中，股价出现小幅回升，但收出的中阴线使

股价再次下跌，维持原有的趋势。

投资者见到股价出现中阴线形态，需要注意的是：中阴线的出现会使股价下跌，如果在跌势之中，那么股价将会继续原有的趋势；如果在涨势之中，则会使股价出现短期回落。

三、小阴线

小阴线是实体较短，带上、下影线的一种阴线。其中，带有的上、下影线也可以有不同的变化，可以是上长下短，也可以是上短下长等。当小阴线出现时，它对趋势的预测并不明了。

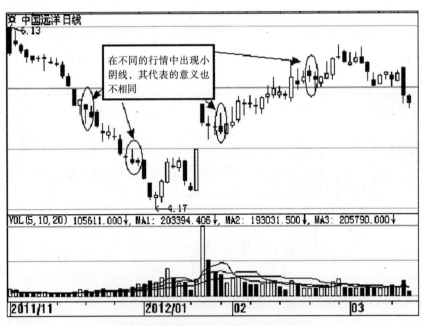

图2-11　中国远洋（601919）小阴线

如图2-11所示，中国远洋（601919）2011年11月30日至2012年3月16日期间，股价由下跌行情转为上涨行情。在下跌行情期间收出的小阴线，使股价继续维持原有趋势运行。而出现在上涨行情中的小阴线，虽然使股价出现短暂下跌，但并没有改变股价上涨的行情。

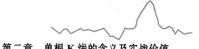

投资者见到股价出现小阴线形态，需要注意的是：虽然小阴线是股价下降，但其对股价未来的走势情况没有明确的预测功能。投资者不能一概而论，应当就具体情况作出判断。

四、伪阴线

伪阴线就是当日的收盘价高于上个交易日收盘价且低于当日的开盘价的一种阴线。在 K 线图上，K 线虽然呈现阴线，但是股价却为正的，因为当天的收盘价要高于上个交易日的收盘价。

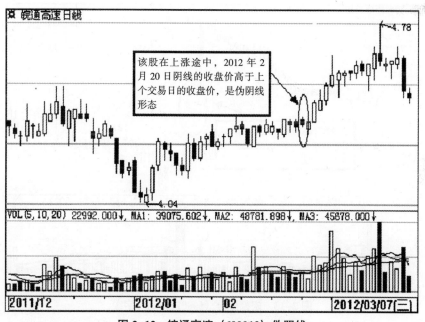

图 2-12　皖通高速（600012）伪阴线

如图 2-12 所示，皖通高速（600012）在上涨的途中，2012 年 2 月 20 日，收出一根伪阴线。这条伪阴线当天的收盘价为 4.37 元，高于上个交易日的 4.36 元。次日出现的阳线将股价拉起，因而这条伪阴线对股价原有趋势没有产生太大影响，股价仍将继续上涨行情。

投资者见到股价出现伪阴线形态，需要注意的是：这种伪阴线出

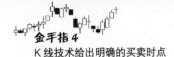
现，表示多空双方在较量过程中，空方占据优势。形成这种情况的原因有很多，可能是市场上空方力量要比多方力量强大，也可能是多方采取其他策略造成的。投资者在实际操作中要注意分辨，认清股市行情再进行操作。

五、阴一字线和阴十字星

与阳一字线相对应，阴一字线是以跌停板开盘，全日基本在跌停板价格成交直到收盘为止的K线图形。

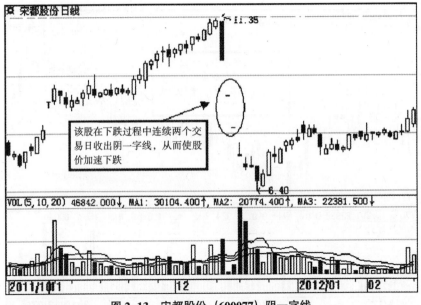

图2-13 宋都股份（600077）阴一字线

如图2-13所示，宋都股份（600077）经过一段时间的上涨后，股价开始下跌。2011年12月14~15日，连续两个交易日，股价都以跌停板开盘，这使得股价快速下降。此时，投资者应该果断清仓出局。

投资者见到股价出现阴一字线形态，需要注意的是：股价在下跌初期出现阴一字线形态，多是该股出现重大利空消息或是股价炒过了头，庄家率先出逃。投资者此时应当果断进行卖出操作，清仓出局。

　　阴线十字星与阳线十字星相对应，是十字星以阴线形式呈现出来的 K 线图形。阴十字星表示卖方气势较盛。

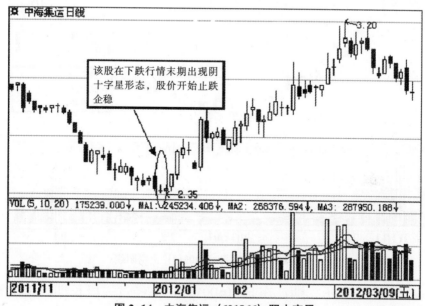

图 2-14　中海集运（601866）阴十字星

　　如图 2-14 所示，中海集运（601866）在下跌行情的末期，2012年 1 月 5 日，收出一条阴十字星。次日收出的小阳线使股价开始回升。此时出现的阴十字星是止跌看涨信号。投资者可在此买入。

　　投资者见到股价出现阴十字星形态，需要注意的是：阴十字星出现的位置很重要。同阳十字星一样，不管是在高位出现还是在低位出现，行情都可能出现反转。

六、上影阴线和下影阴线

　　带上影线的阴线，我们称为上影阴线，表示开盘后，买方力量较强，股价上涨。当股价上涨至某个高位时，卖方会采取一些手段迫使股价下跌，最终以低价收盘。

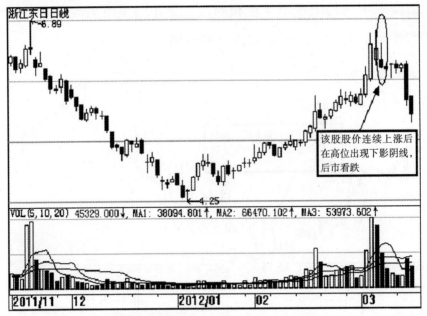

图 2-15　浙江东日（600113）上影阴线

如图 2-15 所示，浙江东日（600113）在经过一段长期的上涨行情后，2012 年 3 月 7 日，股价在高位区出现上影阴线。这是后市看跌的信号。投资者应及时进行卖出操作。

投资者见到股价出现上影阴线形态，需要注意的是：

（1）阴线实体比影线长，则表示买方在上推股价力度还不充足时就遭到卖方猛烈反攻。卖方为了扩大战果会等到价位冲破开盘价后继续下拉价位，从而卖方会获得有利局势。

（2）阴线实体与影线同长，表示虽然买方想把价位上推至一个新高，但无奈于卖方实力雄厚且掌握着主动权，买方很难将价位推至新高。

（3）阴线实体比影线短，表示卖方竭力将价格下压，但买方实力更强劲，次日入市时，买方可能继续反攻，并很有可能占据卖方实体。

带下影线的阴线，我们称为下影阴线。下影阴线表示开盘后，卖方力量大于买方力量，股价大幅度下跌。当股价下跌至某个低点时，一些投资者不愿斩仓，低位抛压减缓，股价将会反弹。

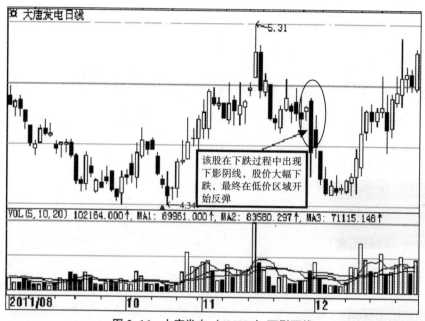

该股在下跌过程中出现下影阴线，股价大幅下跌，最终在低价区域开始反弹

图 2-16 大唐发电 （601991） 下影阴线

如图 2-16 所示，大唐发电 （601991） 在下跌的过程中，2011 年 11 月 30 日，股价大幅下跌后出现下影阴线。该形态的出现将会加剧股价下跌速度，抛压减轻，股价见底后反弹。投资者可在下跌行情末期，股价见底反弹时进行买入操作。

投资者见到股价出现下影阴线形态，需要注意的是：

（1）阴线实体比影线长，表示卖压比较大。一开盘股价就被大幅度下压，在低点遇到买方抵抗，买卖双方发生激战。影线部分较短，说明了买方价位上推力度不够。从总体上看，卖方占了比较大的优势。

（2）阴线实体与影线同长，表示卖方下压价位后，遭遇买方抵御，双方势均力敌，但仍可看出，卖方依旧占据有利局势。

（3）阴线实体比影线短，表明卖方一路压低价位，但在低价位上遭遇买方强烈的抵御和反击，买方不断上推价位。最后虽以阴线报收，

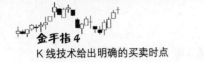

但可以看出卖方只占极少的优势，后市买方很可能会全力反攻把小阴实体全部吃掉。

第三节　相似K线的识别及使用

一、吊颈线与锤头线

（一）吊颈线

吊颈线又名绞刑线，从字面可以看出，这是一个不好的征兆。它常常在上涨行情的末端出现，它的K线实体非常小，上影线非常短甚至没有，而下影线又非常长甚至是实体长度的两到三倍，如图2-17所示。

图2-17　吊颈线

如果吊颈线在股价已经上涨一段时期的时候出现，预示接下来一个周期将有下跌趋势。

如图2-18所示，白云机场（600004）经过了前期的上涨趋势，2011年11月21日，在高位盘整过程中出现了吊颈线，后期的股市则出现了下跌趋势。实战操作中，投资者在前期有一定获利后应提高警惕，如果出现吊颈线，则应及时获利退出。

尤其是当吊颈线的出现伴随着阴线，后期股市下跌的趋势更为明

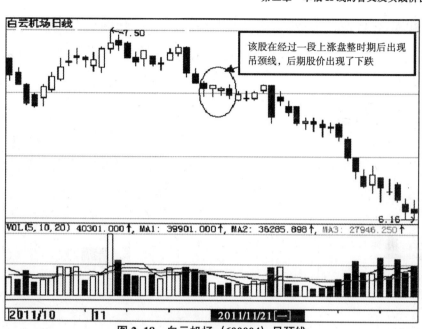

图2-18 白云机场（600004）吊颈线

显。投资者在看到股价已有上涨行情后，更应谨慎操作。如果股价在上涨基础上大幅上扬且出现阴线形式的吊颈线，应立即抛出离场。

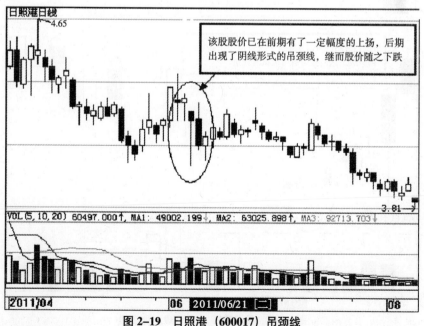

图2-19 日照港（600017）吊颈线

如图 2-19 所示，日照港（600017）股价已在前期有所拉升，2011年 6 月 21 日，股价 K 线出现了明显的吊颈线，这预示着股价已经没有了上涨空间。

（二）锤头线

和吊颈线相似的是，锤头线的实体也很小。锤头线的上影线很小甚至没有上影线，下影线非常长，如图 2-20 所示。

图 2-20　锤头线

锤头线的作用在于，当股价经历一段时间的下跌趋势后，能预示出股价上涨的时机。但其预示信号是否确切也与其他因素相关。例如，下影线的长度，股价下跌的时间长短、下跌幅度大小等。

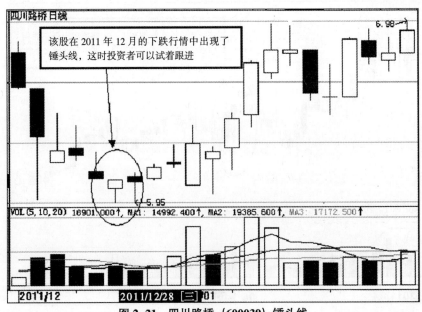

图 2-21　四川路桥（600039）锤头线

如图 2-21 所示，四川路桥（600039）在大幅下跌之后出现锤头线，2011 年 12 月 28 日，随后几天，股价即止跌回升。投资者在看到这一信号时，可以积极买入。

锤头线也有阳线锤头线和阴线锤头线之分，相比而言，阳线锤头线预示后期股市上涨的准确性要比阴线锤头线高。

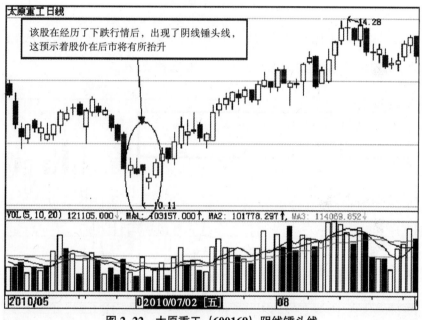

图 2-22　太原重工（600169）阴线锤头线

如图 2-22 所示，太原重工（600169）在筑底过程中有阴线锤头线出现，股价由此开始攀升。但是上升的趋势没有阳线锤头线明显，投资者可以作为缓慢进入的信号。

二、倒锤头线与射击之星

（一）倒锤头线

倒锤头线的形状像个倒放的锤头，其经常在下跌行情过程中出现，

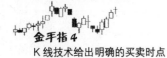

实体很小，上影线非常长，下影线很短甚至没有，如图 2-23 所示。

图 2-23　倒锤头线

如果倒锤头线出现在下跌过程中，一般来说，这意味着股市将转跌为升。投资者遇到类似 K 线形态，可适机买入。

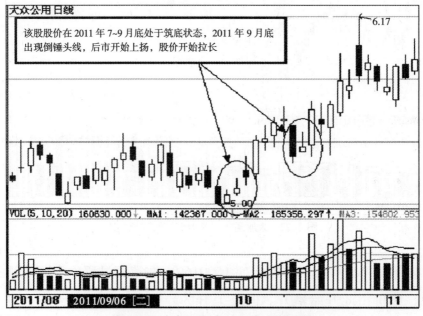

图 2-24　大众公用（600635）倒锤头线

如图 2-24 所示，大众公用（600635）在经历了一段时期的盘底调整之后出现倒锤头线，股价开始强有力反弹，投资者此时可以抄底进入。

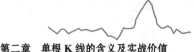

（二）射击之星

射击之星因形得名，其 K 线形状类似弓箭射击的样子，别名有流星、扫帚星，如图 2-25 所示。

图 2-25 射击之星

射击之星的 K 线实体非常小，上影线特别长，一般是实体的三倍以上，下影线很短甚至没有，其经常出现在上升的趋势中，前市有一定涨幅。射击之星的出现，预示股价将会由高转低，投资者应及时获利退出。

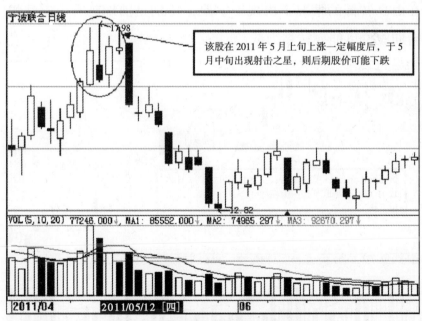

图 2-26 宁波联合（600051）射击之星

如图 2-26 所示，宁波联合（600051）在 2011 年 5 月上旬有一定

幅度的上涨趋势，但到了中旬出现射击之星，后期的股价开始下跌。投资者在经过股价上涨期后，如遇射击之星，则应及时退出。

三、十字架

十字架的上、下影线很长，而开盘价和收盘价又基本一致，所以形成了类似"十"字的形状，又称十字线，如图 2–27 所示。

图 2–27　十字架

十字架的出现通常会带来趋势的逆转，原来下跌的行情会变成上升的行情，原来上升的行情会变成下跌的行情。

在由高转低的情况下出现十字架，特别是前期已有一定涨幅，则暗示后期股价可能要转高为低。

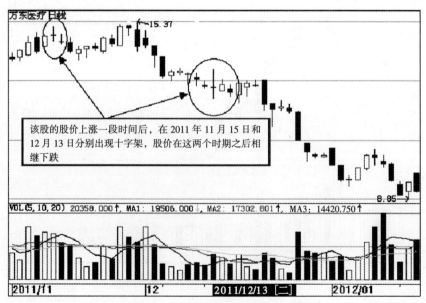

图 2–28　万东医疗（600055）十字架

如图 2-28 所示，万东医疗（600055）在股价上扬后，2011 年 11 月 15 日的股价 K 线中出现了十字架，随后股价出现不同程度的下跌。行情经过短暂的下跌后，多方又加速拉升，股价出现小幅上涨。但在 2011 年 12 月 13 日又出现两个十字架，彻底打击了多方力量的士气，股价随之大幅下跌。投资者应在第一次出现十字架时就有所警觉，而在第二次出现十字架时，无论获利与否，都应立即抛出。

在由低转高的行情中，通常要经过一个筑底过程，此时出现的十字架更具有拉涨行情的作用。

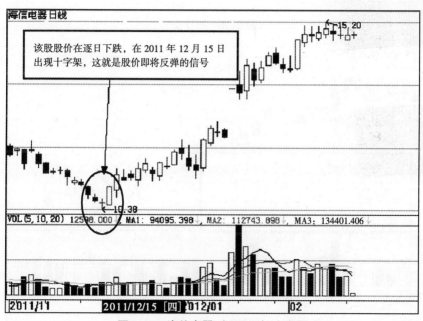

图 2-29 海信电器（600060）十字架

如图 2-29 所示，海信电器（600060）股价在 2011 年 12 月的上半旬一直处于下跌状态，随后股价在低位区域运行。2011 年 12 月 15 日出现十字架，表明股价筑底完成。而后股价开始止跌企稳。次日收出的阳线使股价开始回升。这是明显的买入信号，投资者可在此时进行买入操作。

四、螺旋桨

螺旋桨是因为K线实体（可阴可阳）很小，上、下影线都很长，看上去就像飞机的螺旋桨，因此而得名。它是一种转势信号，如图2-30所示。

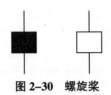

图2-30　螺旋桨

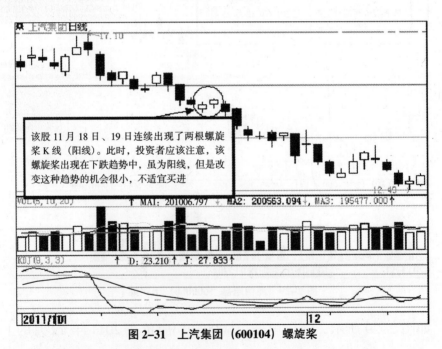

该股11月18日、19日连续出现了两根螺旋桨K线（阳线）。此时，投资者应该注意，该螺旋桨出现在下跌趋势中，虽为阳线，但是改变这种趋势的机会很小，不适宜买进

图2-31　上汽集团（600104）螺旋桨

如图2-31所示，上汽集团（600104）处于下跌行情中，但在11月18日、19日出现螺旋桨（阳线），表示有小幅上扬。

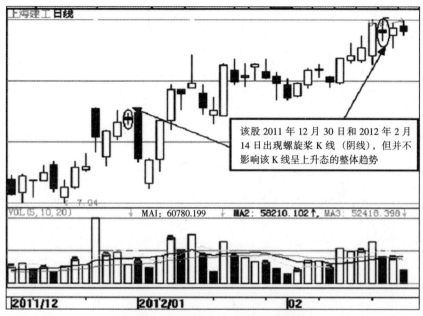

该股 2011 年 12 月 30 日和 2012 年 2 月 14 日出现螺旋桨 K 线（阴线），但并不影响该 K 线呈上升态的整体趋势

图 2-32 上海建工（600170）螺旋桨

如图 2-32 所示，上海建工（600170）处于上升行情中，但在 2011 年 12 月 30 日和 2012 年 2 月 14 日出现螺旋桨（阴线），表示有小幅下跌。

第三章 K线组合的含义及实战价值

第一节 买入组合及买卖要点

一、反弹线

反弹线是指当股市 K 线图的底部阶段出现带有长下影线的 K 线时，往往预示股价将会在此后不久发生反弹的现象，是投资者需要注意的买进时机之一。

如图 3-1 所示，中国医药（600056）在 2011 年 5 月 26 日的 K 线走势图。从图 3-1 中我们可以看出，在该股 20.53 元的低位时，出现了一根带有长下影线的 K 线，这表示该股出现了较强的支撑，此后很有可能出现大幅的回升。

而从 6 月开始的形势来看，果真出现了大幅反弹，且一直持续了两个多月，升幅达 30% 多。因此，反弹线对我们寻找个股的买点提供了有效的依据。

在此处，还必须注意另外一个条件：需要提前判断出股价确实下行到底部阶段。

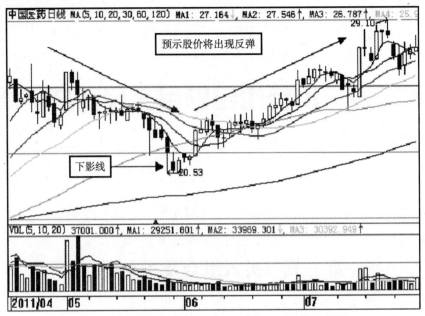

图 3-1　中国医药（600056）2011 年 3~8 月的 K 线图

二、二颗星和三颗星

二颗星是指在 K 线连续两次出现十字符号的现象。三颗星是指在 K 线连续三次出现十字线的现象。如果此现象发生在股价上涨趋势中，则代表此时为非常稳定、可靠度极高的买进时机，后续一定还有不小的上涨空间。

如图 3-2 所示，南京高科（600064）在 2011 年 2 月 17 日、18 日就出现了二颗星现象，此时股价在上涨趋势中，预示后面的股价将呈继续上涨的趋势。我们看 19 日之后 K 线图，果真出现了新一轮的上涨，将股价从 14 元拉升到了 17 元。

如图 3-3 所示，中海发展（600026）在 2010 年 10 月 20 日、21 日、22 日就出现了三颗星现象，而后的股价虽然经过了轻微震荡，但却没有改变股价上涨的趋势，一直把股价拉到了 13.07 元的高度。

图3-2　南京高科（600064）2011年1~5月的K线图

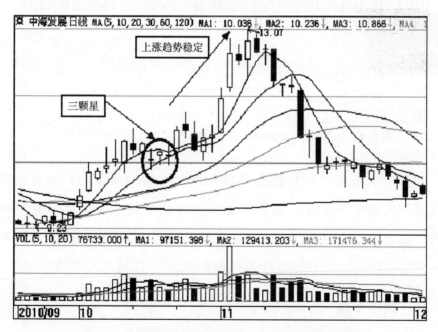

图3-3　中海发展（600026）2010年9~12月的K线图

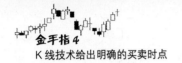

三、舍子线

舍子线是指在大跌行情中，跳空出现的十字线。K 线图中出现了这根线，预示着庄家筑底工作已经完成，而后马上就会迎来股价上升的春天，是投资者买入的信号之一。

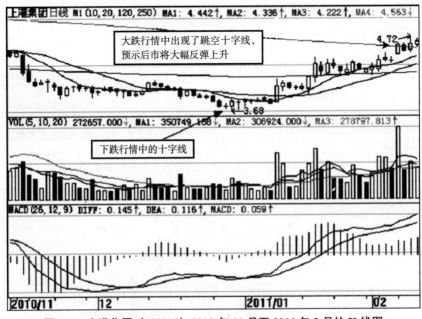

图 3-4 上港集团（600018）2010 年 11 月至 2011 年 2 月的 K 线图

如图 3-4 所示，上港集团（600018）在 2010 年 12 月 29 日就出现了这样一根跳空十字线，而且是在股价连续下跌数天之后，是一根名副其实的舍子线。从图 3-4 中我们也可以看出，该股之后的走势确实突破了底部股价，在长达 3 个月的时间内，一直呈上升趋势。

四、跳空上扬

跳空上扬是指在上涨行情中，在某天出现了一条中阳线之后，马上又出现了一条下降中阴线现象。该现象同样预示着股价将迎来加速上涨的好时机，投资者可以放心买入。

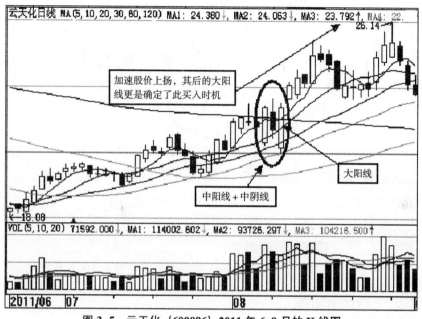

图3-5 云天化（600096）2011年6~9月的K线图

如图3-5所示，云天化（600096）在2011年8月9日就出现了跳空上扬的现象。这本身就提示了投资者可以适时买入，而紧随其后的大阳线也为这一提示增加了保障，鼓舞了投资者的信心。后面的走势中，股价确实大幅震荡攀升，从8月9日的21.01元上涨到26.14元。

五、最后包容线

最后包容线指的是小阳线出现在下跌行情中，次日就会出现包容的大阴线这一现象。该现象代表筑底完成，行情即将反弹。

如图3-6所示，白云机场（600004）在下跌途中收出一条小阳线，紧接其后收出一根中阴线将前日阳线包容，后市行情开始上涨。投资者对类似K线形态不但无须惊慌还应低吸。

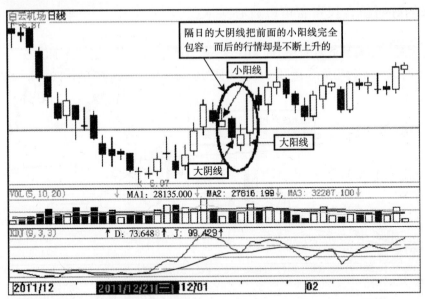

图3-6　白云机场（600004）2011年12月至2012年2月的K线图

六、下档五条阳线

下档五条阳线是指在低价圈内出现五条阳线的现象。这暗示着逢低接手力道不弱，底部形成，将反弹。

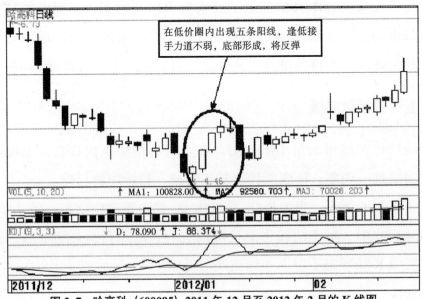

图3-7　哈高科（600095）2011年12月至2012年2月的K线图

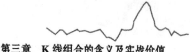

如图 3-7 所示，哈高科（600095）经过将近一个月的下跌，在后一条阴线的次日即 2012 年 1 月 6 日开始连续收出五根小阳线，表明底部已形成，暗藏逢低接手力道增强，先知先觉者在暗中吸筹，股价即将反弹。这表明，在第五根阳线次日阴线地位介入，正是前接低点后搭上涨之吉时。

七、下降阴线

下降阴线是指三条连续下跌阴线出现在涨升过程中的现象。这表明此为逢低承接的大好时机。

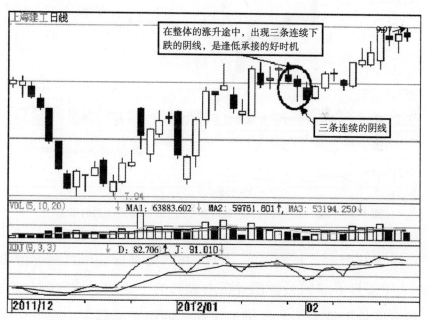

图 3-8　上海建工（600170）2011 年 12 月至 2012 年 2 月的 K 线图

如图 3-8 所示，上海建工（600170）在整体的涨升途中，出现了三条连续下跌的阴线，为逢低承接的大好时机。当第四天阳线超越前一天的开盘价即第三条阴线的开盘价时，应立刻买进以待价格扬升获利出局。

八、反弹阳线

反弹阳线指的是确认行情已经深跌，但某日行情出现阳线的现象，即"反弹阳线"。此为买进提示，如果反弹阳线附带着长长的下影线，则表示有主力大量承接低档，行情将出现反弹。

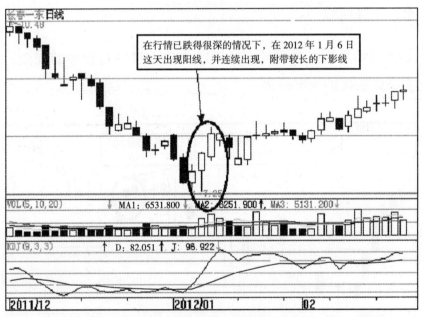

在行情已跌得很深的情况下，在 2012 年 1 月 6 日这天出现阳线，并连续出现，附带较长的下影线

图 3-9 长春一东（600148）2011 年 12 月至 2012 年 2 月的 K 线图

如图 3-9 所示，长春一东（600148）在将近一个月的下跌途中，在 2012 年 1 月 6 日回升收阳并带有较长的下影线，意在该位接盘力强，顶着股价上涨而形之，继后又连续四阳更暴露主力在低位吸货。如果在此形态时买进该股，后市将上涨。

九、上档盘旋

上档盘旋是指行情随着强而有力的大阳线往上涨升，在高档将稍做整理，等待大量换手的现象。判断另一波涨势出现的根据是成交量的不断上升。上档盘整时间约为 6 日至 11 日，若期间过长则表示上涨没有什么力度。

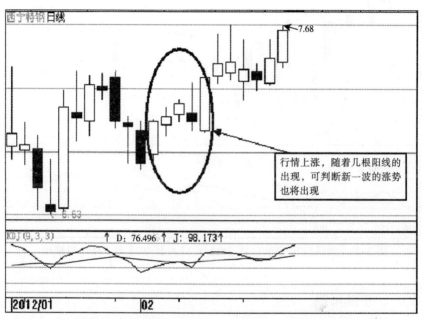

图 3-10 西宁特钢（600117）2012 年 1~2 月的 K 线图

如图 3-10 所示，西宁特钢（600117）在 2012 年 2 月 1~6 日期间出现几根阳线，随后在高档稍做整理，出现若干大阳线，推进股价进一步攀升。

十、阴线孕育阴线

阴线孕育阴线是指在行情下跌过程中，出现大阴线的隔日行情显现出一条完全包容在大阴线内的小阴线，这表明卖盘出尽，并有转盘的迹象，是即将反弹的一种现象。

如图 3-11 所示，浙江东方（600120）在 2012 年 1 月 4 日的大阴线完全包容了下个交易日的小阴线，后又出现一根带下影线较长的反弹阳线，意在卖方出尽，股价已到阶段性地点，市场即将反弹上扬。

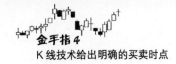
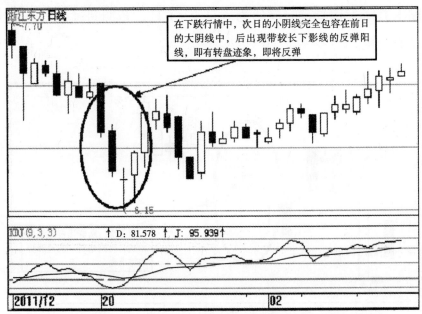

在下跌行情中，次日的小阴线完全包容在前日的大阴线中，后出现带较长下影线的反弹阳线，即有转盘迹象，即将反弹

图3-11　浙江东方（600120）2011年12月至2012年2月的K线图

十一、并排阳线

并排阳线是指在持续涨势中，某日出现阳线，隔日又出现一条与其几乎并排的阳线的现象。如果隔日开高盘，则可期待大行情的出现，其中的并排阳线犹如两只眼睛目送股价再上台阶。

如图3-12所示，长江投资（600119）在2012年2月13日、14日的两条较小阳线相并排，次日拉出一条上涨的较大阳线，使股价得以调整，涨幅较大。

十二、超越覆盖线

超越覆盖线是指股价上涨至某个高点，空头反扑，收出覆盖线。表明股价已经出现调整压力。如果此后出现创新高价的阳线，表明有可能出现买盘的情况，行情会不断上涨。

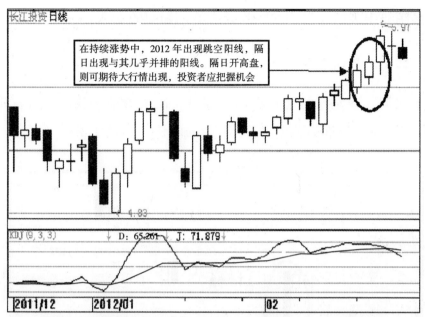

在持续涨势中，2012 年出现跳空阳线，隔日出现与其几乎并排的阳线。隔日开高盘，则可期待大行情出现，投资者应把握机会

图 3-12　长江投资（600119）2011 年 12 月至 2012 年 2 月的 K 线图

在行情上涨途中，出现了覆盖线。此后又出现创新价格的阳线，行情会继续上涨

图 3-13　海南椰岛（600238）2011 年 12 月至 2012 年 2 月的 K 线图

如图 3-13 所示，海南椰岛（600238）2011 年 12 月 30 日出现天价，此后连续两条阴线跌破阳线上涨的幅度，而后连续收出四条阳线，

比两条阴线中最后一根阴线的收盘价有大幅度的上涨。

十三、上涨插入线

上涨插入线是指行情在震荡走高时，出现覆盖阴线的次日，将会拉出一条下降阳线的现象。这是短期的回档，行情上涨。

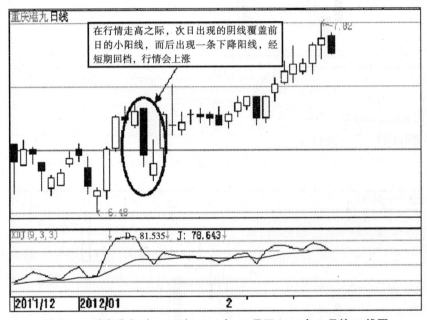

图3-14　重庆港九（600279）2011年12月至2012年2月的K线图

如图3-14所示，重庆港九（600279）2012年1月12日报收一根小阳线，隔日高开低走出现一条覆盖阴线，而后又拉出一条下降阴线，经过覆盖阴线和下降小阳线的回档整理，接着又是阳线报收，让行情重回升势。

十四、三条大阴线

三条大阴线是指在下跌行情中出现三条（或多于三条）连续大阴线的现象。这是行情陷入谷底的征兆，行情将转为买盘，价格上扬。

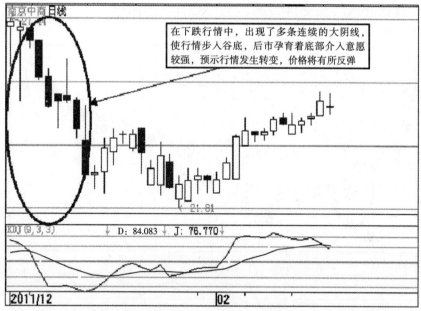

图 3-15 南京中商（600280）2011 年 12 月至 2012 年 2 月的 K 线图

如图 3-15 所示，南京中商（600280）2011 年 12 月 26 日到 2012年 1 月 5 日期间，出现多条阴线，急速的大跌使行情步入谷底，但后市孕育着底部介入意愿较强，当最后一条大阴线次日高开经震荡仍在开盘价附近报收小阳线，股价不但没有继续下跌反维持高开小涨，预示行情发生转变，价格将有所反弹。

十五、五条阴线后一条大阴线

五条阴线后一条大阴线是指在走势图上，连续五天出现阴线中途无任何阳线的插入，随后出现一条跌幅较大的大阴线的现象。以此现象可判断出股价已经见底，如果次日高开，代表股价开始反弹。

如图 3-16 所示，三友化工（600409）自 2011 年 12 月 13 日起连续阴阳交错报收五根阴线，接着又出现一条长长的阴线，这样连跌使筹码的释放和价位降低，介入意愿将被转强，再后就是高开小涨的小阳线出现。投资者如在此类形态的第一条高开小涨的小阳线任何价位

或次日逢低介入均是绝佳买点，来日必有丰厚回报。

图3-16 三友化工（600409）2011年12月至2012年2月的K线图

十六、二条插入线

二条插入线其实就是暗示逢低接手力道猛，行情因转盘而呈现出上升的趋势。

如图3-17所示，ST国通（600444）2012年2月1日和2日两条低开下跌阴线插在前面阳线之中，后是一条高走大阳线并超过了前两条阴线和一条阳线的价位，行情呈升势。

十七、上升三法

上升三法就是指在行情不断上涨中，出现一根大阳线后连续出现三根小阴线的现象。这是蓄势待发的前兆，表示价格将进一步攀升。

2012年2月1日和2日两条低开下跌阴线插在前面阳线之中，后是一条高走的大阳线，并超过前两条阴线和一条阳线的价位，行情呈升势

图3-17 ST国通（600444）2011年12月至2012年2月的K线图

在上涨行情中，大阳线之后出现三根连续小阴线，而后拉出一条大阳线，并超过了前一条阳线的价位，且连续两天上涨

图3-18 宁波富达（600724）2011年12月至2012年2月的K线图

如图3-18所示，宁波富达（600724）在2011年12月30日的大阳线后连续收三条小阴线以示休整，而后拉出的大阳线不但收复了三

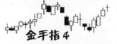

根小阴线的跌幅，且还超过了前一条阳线的价位，并接连上涨。投资者应抓住时机，适时买进。

十八、连续下降三颗星

连续下降三颗星是指在股价不断下跌的情况下，在低位盘整时跳空出现三条连续的小阴线（极线）的现象。

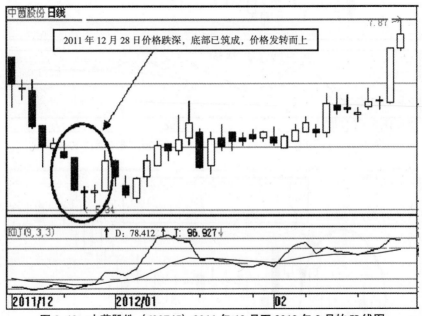

图3-19　中茵股份（600745）2011年12月至2012年2月的K线图

如图3-19所示，中茵股份（600745）2011年12月28日收出的一根阴线极小，表明行情已到底部，隔日收中阳线，指数得以企稳回升，行情开始上涨。

十九、三空阴线

三空阴线是指行情进入低档时，连续出现三条跳空下降阴线的现象。这是强烈的反弹信号。投资者可于此时考虑买进。

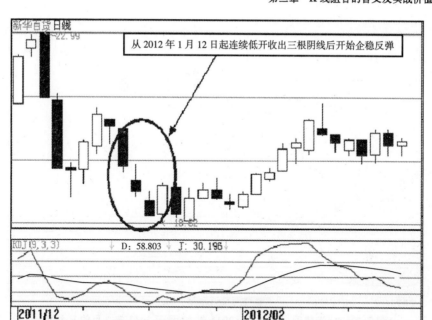

从2012年1月12日起连续低开收出三根阴线后开始企稳反弹

图 3-20 新华百货（600785）2011 年 12 月至 2012 年 2 月的 K 线图

如图 3-20 所示，新华百货（600785）从 2012 年 1 月 12 日起连续低开收出三根阴线，而后出现一条低开高走的阳线，则表示后市开始企稳反弹。

二十、向上跳空阴线

向上跳空阴线不能代表大盘看涨的趋势，但可将涨势维持在 7 天左右，这是买进的好时机。

如图 3-21 所示，上港集团（600018）在 2012 年 1 月 13 日收阴线后，出现连续两条大阳线，暗示上涨力道强劲，为买进时机。投资者可适时买进。

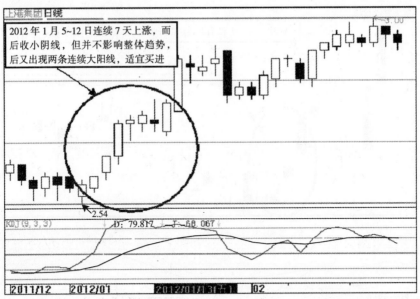

图3-21 上港集团（600018）2011年12月至2012年2月的K线图

第二节 卖出组合及买卖要点

一、十字线

十字线是指在股价高档区出现的十字线（开盘、收盘等价线），并且有上、下影线的现象。其中上影线比较长，这种情形表示股票价格经过一段时日后，股价已经很高，难创新高，可能会出现回跌现象，这是明显的卖出信号。

如图3-22所示，浙江富润（600070）2011年12月20日经上下震荡最终收在开盘价位，留下一条上影线很长、下影线较短的红十字线，是由上方压力过重，获利盘大量抛出所致。故此后的多个交易日就有连续低开阴线，致使股价大跌。

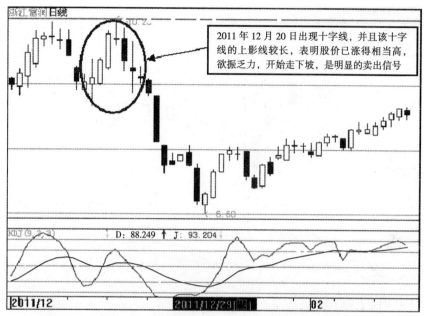

2011 年 12 月 20 日出现十字线，并且该十字线的上影线较长，表明股价已涨得相当高，欲振乏力，开始走下坡，是明显的卖出信号

图 3-22　浙江富润（600070）2011 年 12 月至 2012 年 2 月的 K 线图

二、覆盖线

覆盖线就是指股价经过连续几日的上涨后，次日以高价开盘，随后出现买盘不愿继续追高，股价涨停并开始出现下跌，收盘价跌至前一日阳线内的现象。这是股价在短时间内急速上涨后所形成的卖压涌现，获利了结大量抛出之故，因此股价将会下跌。

如图 3-23 所示，精工钢构（600496）在持续出现了几天上涨之后，次日开盘价颇高，随后出现买盘不想追高，导致大势持续下滑，在前一日阳线之内收盘，股价下跌。

三、孕育线

孕育线就是指在较长的阳线之内缩伏着阳线的现象。即在股价持续上涨之后，次日出现一根小阳线，并且完全孕育在前日大阳线之中，这种现象表示已无力上涨，是暴跌的前兆。

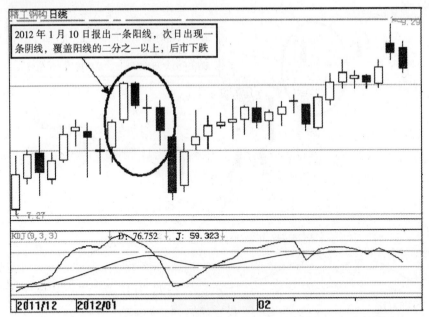

图3-23 精工钢构（600496）2011年12月至2012年2月的K线图

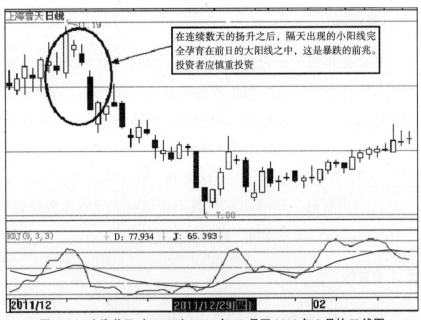

图3-24 上海普天（600680）2011年12月至2012年2月的K线图

如图 3-24 所示，上海普天（600680）2011 年 12 月 13 日的小阳线完全缩在前日的大阳线内，说明上涨乏力。而后连续出现的阴线使股价下跌，投资者须慎重。

四、孕育阴线

孕育阴线是指阴线缩在较长的阳线之内的现象。大盘经过连日大幅度上升后，在某一日的大阳线之中完全包含着次日开盘价、收盘价，并出现一根阴线，这种现象也代表上涨乏力，是下跌的前兆。

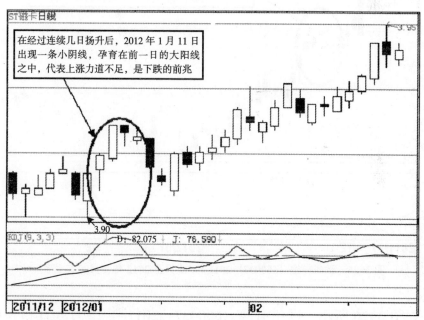

图 3-25　ST 磁卡（600800）2011 年 12 月至 2012 年 2 月的 K 线图

如图 3-25 所示，ST 磁卡（600800）2012 年 1 月 11 日报出的小阴线完全孕育在前一日的大阳线中，代表上涨力道不足，是下跌的前兆。从图 3-25 可看出股价有较大幅度下跌。

五、上吊阳线

上吊阳线就是指开盘处于高价区，之前的买盘因获利了结而杀出，使得大盘下跌，低档又逢有力承接，价格再度攀升，形成下影线为实线的三倍以上的现象。此图形看起来似乎买盘强劲，实际应谨防主力在拉高大盘后出货，空手者不适合贸然介入，持仓者适宜逢高抛售。

图 3-26　歌华有线（600037）2011 年 12 月至 2012 年 2 月的 K 线图

如图 3-26 所示，歌华有线（600037）2011 年 12 月 6 日和 8 日收出小阳线，虽然略有上涨，但形成上吊阳线，预示股价上涨乏力，追涨意愿低落，行情会急转向下。投资者应当谨慎投资，空手者不适合贸然介入，持仓者适宜逢高抛售。

六、跳空 K 线

跳空 K 线就是指中间有空格的两条阴阳线并且这两条线间不存在

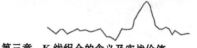

互相接触的现象。即三根跳空阳线连续出现后，会出现大量股票出逃的情况，一般投资者在出现第二根跳空阳线后，最好先行获利了结，以防股价暂时性回跌现象时被套牢。

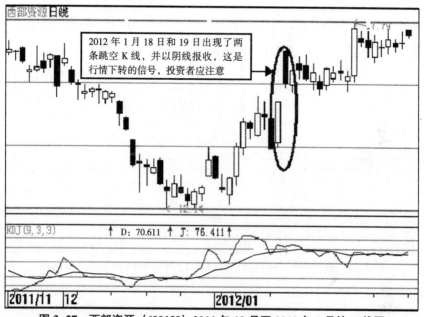

图3-27　西部资源（600139）2011年12月至2012年2月的K线图

如图3-27所示，西部资源（600139）2012年1月18日和19日出现两条跳空K线，且以阴线报收，而后虽有小阳线出现，但低开低收，没有改变下跌的行情。投资者应获利了结，适时卖出，以免被套牢。

七、最后包容线

最后包容线就是指当大盘持续上涨之后出现一根阴线，次日又低开高走拉出一根大阳线，将前一日的阴线完全包住的现象。这种现象看来似乎买盘增强，但只要隔日行情出现比大阳线的收盘价低，则投资人应该断然做空。如果隔日行情高于大阳线的收盘价，表示也许会

成为"覆盖阴线"，投资者应谨慎对待。

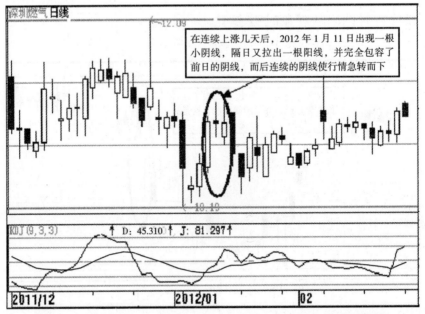

图 3-28　深圳燃气（601139）2011 年 12 月至 2012 年 2 月的 K 线图

如图 3-28 所示，深圳燃气（601139）在连续上涨行情后出现了一根小阴线，隔天拉出一条低开高走的阳线，把前日的小阴线完全包住，再次日出现了一根阴线低于阳线的收盘价，后市股价有较大幅度的下跌，提醒投资者不要被假象迷惑了。

八、孕育十字线

孕育十字线是指股价持续上涨后拉出三条大阳线，随即出现一条十字阴线。这种状态表示买盘力量不足，行情随之会回软转变为卖盘，导致股价下跌。

如图 3-29 所示，中国国航（601111）在连续上涨几天以后，2012年 1 月 11 日出现十字线，并完全孕育在前一日的大阳线之中，形成了孕育十字线。这种状态表示买盘力道有所减弱，行情随之会回软转变

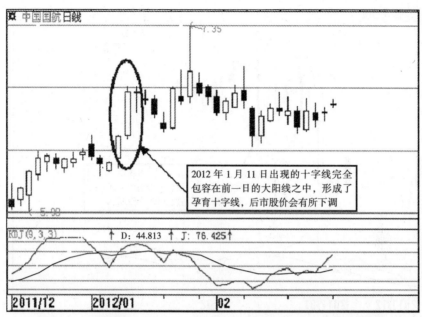

图 3-29　中国国航（601111）2011 年 12 月至 2012 年 2 月的 K 线图

成卖盘，次日股价会下跌。

九、反击顺沿线

反击顺沿线是指股价经过某一阶段已经到达了顶点，在下跌回调时出现了两根阴线后又拉出了一根包含前两根阴线的大阳线。这种状况看起来好像是买盘力道增强了，但投资者必须警惕，这种情况的出现只是一种障眼法，是主力准备拉高股价打算出货，也是投资者可遇不可求的逃命线，比较适合做空。

如图 3-30 所示，昊华能源（601101）在连续上涨行情中，2012年 1 月 12 日收出一条小阳线，连续两天阴线依次下跌，再是一根阳线大幅度拉起超越了前两条阴线和一条阳线的价位，好像买盘力度增强，实是障眼法，主力正在拉高出货，待高位减仓完毕，随后股价下跌。

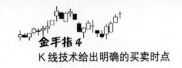

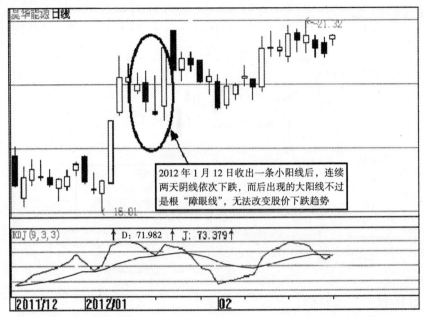

2012 年 1 月 12 日收出一条小阳线后，连续两天阴线依次下跌，而后出现的大阳线不过是根"障眼线"，无法改变股价下跌趋势

图 3-30　昊华能源（601101）2011 年 12 月至 2012 年 2 月的 K 线图

十、尽头线

尽头线就是指在不断攀升的行情中，前一日最高点没有被当日的小阳线超过的现象。连续攀升的行情只要出现该图形，就表明了上升力度即将衰竭，行情将回档盘整，这也是一种"障眼线"。

如图 3-31 所示，国投中鲁（600962）在持续涨升的行情中，2012年 1 月 12 日的小阳线收在了前一日中阳线的实体部分，没有超越最高点，说明上涨力度即将转弱，股价下跌。投资者宜先获利了结。

十一、跳空孕育十字线

跳空孕育十字线就是指在今日开盘价比前一天的收盘价高并继续上涨的情况下，拉出了三根大阳线，随后又出现了一条十字线的现象。

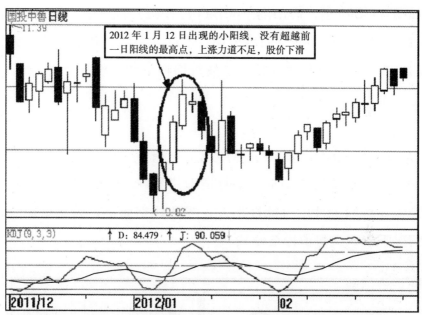

图 3-31　国投中鲁（600962）2011 年 12 月至 2012 年 2 月的 K 线图

图 3-32　唐山港（601000）2011 年 11 月至 2012 年 2 月的 K 线图

如图 3-32 所示，唐山港（601000）在涨升行情中，从 2011 年 11 月 24 日起连收三根阳线，而后出现一条红十字线，代表涨幅过大，买盘不愿追高，持仓者纷纷杀出，市场价格将下跌。投资者须谨慎。

十二、舍子线

舍子线就是指行情跳空上涨形成了一条十字线，次日却又跳空拉出一条阴线的现象。此图形暗示行情即将暴跌。这个时候价格涨幅已经相当大，继续上冲的可能性不大，导致跳空而下，为卖出信号，在这种情况下，成交量值也会锐减。

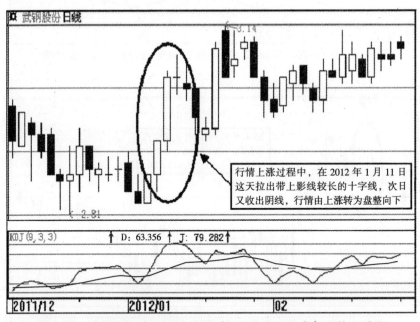

行情上涨过程中，在 2012 年 1 月 11 日这天拉带带上影线较长的十字线，次日又收出阴线，行情由上涨转为盘整向下

图 3-33　武钢股份（600005）2011 年 12 月至 2012 年 2 月的 K 线图

如图 3-33 所示，武钢股份（600005）在涨升行情中，2012 年 1 月 11 日向上跳空开盘，股价拉高涨停位被抛盘打回报收带较长上影线的十字线，次日报收阴线，形成舍子线组合形态，行情由上涨转为盘整向下。

十三、跳空下降

跳空下降是指在连续多日阴线之后出现一根往上的阳线的现象。这种情形是回光返照之征兆，适合把握时机卖出，否则价格会继续下跌。

图 3-34　丰林集团（601996）2011 年 12 月至 2012 年 2 月的 K 线图

如图 3-34 所示，丰林集团（601996）在连续几日的阴线之后，2011 年 12 月 23 日收出一根小阳线，此情形是回光返照之征兆，是卖出时机。投资者应把握时机卖出，否则价格会继续下跌，后市股价将下跌寻求支撑。

十四、八段高峰

八段高峰是指当价格爬上第八个（或大于八个且不超过十三个）新高价线的现象。

图3-35　江中药业（600750）2011年11月至2012年2月的K线图

如图3-35所示，江中药业（600750）于2011年11月21日、22日、23日、24日、25日、26日、28日、29日分别以中阳线或小阳线上涨价位后，而后出现连续几日的阴线，价格进行回调整理。投资者应获利了结，就算此时不脱手，也不可放至超过十三个新高价线。

十五、二颗星

二颗星是指在下跌行情中出现极线的现象。这种现象的出现表明此时是平仓的好机会，价格会继续探底。

如图3-36所示，祁连山（600720）在连续下跌的行情中，从2011年12月5~7日止已经连续收三根阴线，紧接其后又出现二颗星，此处不把握时机减仓出货的投资者，往后的损失会更大，因该形态的出现信号是股价还将继续向下探底。

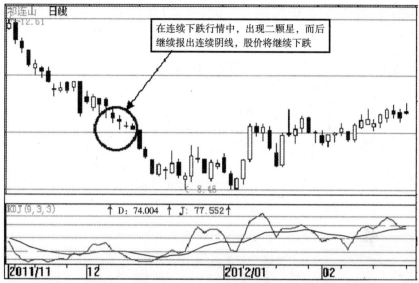

图 3-36　祁连山（600720）2011 年 11 月至 2012 年 2 月的 K 线图

十六、三段大阳线

三段大阳线就是指在行情连续下跌中出现了一条大阳线的现象。这条大阳线将前三天的跌幅完全包容。

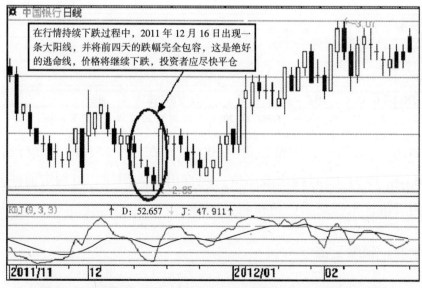

图 3-37　中国银行（601988）2011 年 11 月至 2012 年 2 月的 K 线图

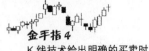

如图 3-37 所示，中国银行（601988）在行情下跌中于 2011 年 12 月 16 日低开拉起一条大阳线，收复了前面 7 个交易日的跌幅，此时投资者若能把握时机出仓，不但避免了后市的下跌风险，且还赚回了前面 7 日的跌幅值。

十七、顺沿线

顺沿线就是指行情持续上涨一段时间后出现连续两条下降阴线的现象。

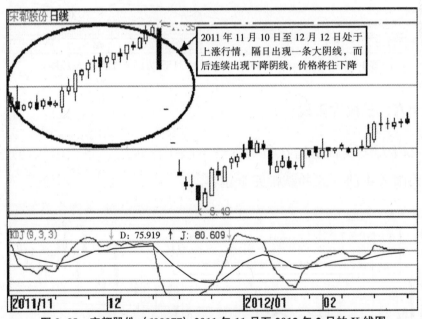

图 3-38　宋都股份（600077）2011 年 11 月至 2012 年 2 月的 K 线图

如图 3-38 所示，宋都股份（600077）在一个多月的上涨行情中，于 2011 年 12 月 12 日报出最高价。隔日出现大阴线，可判定前些日的高价为天价，上涨乏力，价格将往下降。

十八、暴跌三杰

暴跌三杰就是指当行情上涨时出现三条连续阴线的现象。此现象为卖出信号，是暴跌的前兆。

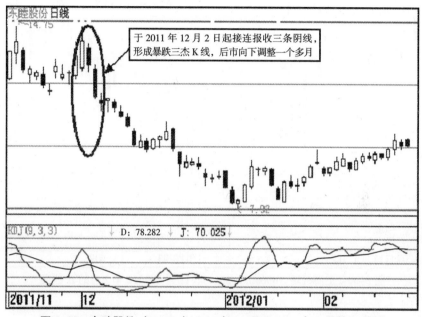

于 2011 年 12 月 2 日起接连报收三条阴线，形成暴跌三杰 K 线，后市向下调整一个多月

图 3-39　东睦股份（600114）2011 年 11 月至 2012 年 2 月的 K 线图

如图 3-39 所示，东睦股份（600114）于 2011 年 12 月 2 日起接连报收三条阴线后，行情呈一个多月的回档整理局面。

十九、跳空下降二阴线

跳空下降二阴线是指在下降行情中又出现跳空下降的连续两条阴线的现象。这是暴跌的前兆。通常情况下会有一小段反弹行情在两条阴线之前出现，但如果反弹无力，连续出现阴线时，表明买盘将会大崩溃，行情将持续向下探底。

如图 3-40 所示，上海机场（600009）从 2011 年 12 月 2 日起接连收出两条阴线，经短暂盘整后，于 12 月 9 日又向下出现两条阴线，后市走势大同小异，股价一直下跌到 12 月 29 日。

上海机场 日线

13.52

在下降的行情中，出现连续两条阴线，而后虽经过短暂盘整，但并未改变整体走势

11.78

KDJ(9,3,3)   ↑ D: 56.043 ↓ J: 22.530↑

2011/11   12   2012/01   02

图3-40 上海机场（600009）2011年11月至2012年2月的K线图

二十、低档盘旋

低档盘旋是指在持续下跌的情况下，出现若干个小阴线、小阳线，接下来将出现一根跳空向下的阴线。这是大跌前的信号。说明之前一段价格的小幅度变动只是中段的盘整而已，行情将持续回档整理。

如图3-41所示，银鸽投资（600069）经过一轮下跌进入了小阴线、小阳线的横向整理，随后出现的大阴线将整理格局打破，新的一轮跌势开始，之前的小阴线、小阳线的横向整理只不过是跌势中的盘整。投资者见到此K线组合即低档盘旋，应及时减仓，避免股价继续下跌带来的风险。

二十一、下降覆盖

下降覆盖是指股价在持续上涨的情况下，出现了一条包容大阴线，隔日就牵出一条下降阳线，随即又出现覆盖线的现象。

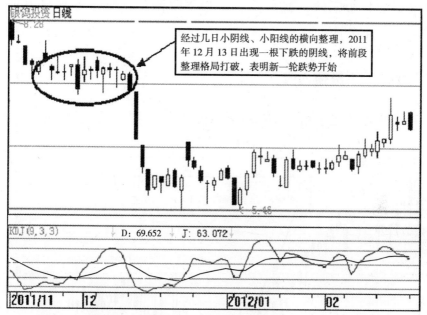

经过几日小阴线、小阳线的横向整理，2011年12月13日出现一根下跌的阴线，将前段整理格局打破，表明新一轮跌势开始

图3-41 银鸽投资（600069）2011年11月至2012年2月的K线图

2012年12月6日出现的大阴线包容了前日小阳线，次日收出下降阳线，紧接出现覆盖线，行情下跌

图3-42 五矿发展（600058）2011年11月至2012年2月的K线图

如图 3-42 所示，五矿发展（600058）2012 年 12 月 6 日一条大阴线包容了前日小阳线，次日收出一根下降阳线，紧接下来又出现覆盖线。这暗示股价达到最高，是清仓的时机，往后是下跌行情。

二十二、下降插入线

下降插入线是指持续下降阴线中，出现一低开高走的阳线的现象。

图 3-43　国投新集（601918）2011 年 11 月至 2012 年 2 月的 K 线图

如图 3-43 所示，国投新集（601918）在连续下跌行情中，于 2011 年 12 月 16 日出现了一条低开高走的阳线，行情必将持续下跌。此为卖出时机，投资者应把握时机。

二十三、下降三法

下降三法就是指股价不断下跌过程中，出现一条大阴线，隔日又连续出现三根小阳线的现象。这种现象并不代表筑底完成，如果接下

来再出现一条大阴线的话，此时则为做空时机，股价将会继续下滑。

图3-44　中国重工（601989）2011年11月至2012年2月的K线图

如图3-44所示，中国重工（601989）在持续下跌的行情中，2011年12月15日出现一条大阴线，随后拉出向上攀升的三根阳线，但最后一根阳线仍比前一条大阴线的开盘价低，之后紧接又出一条大阴线，把前面三根阳线全部或大部分都吞吃了，此K线组合的出现表明多方虽然想反抗，但最后在空方打击下显得不堪一击，股价还会进一步滑落。投资者见此形态应顺势而为，减持手中的仓位。

二十四、高档五条阴线

高档五条阴线就是指股价上涨已经很高，出现五条连续阴线的现象。这表明行情进入盘局，假如此时成交量减少，更可确信行情将比较恶劣。

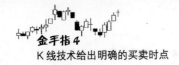

从2011年11月30日起，出现五条连续阴线，隔日出现的红十字星也只不过是假象，而后接连出现六条阴线，使股价快速下跌

图3-45　中国重工（601989）2011年11月至2012年2月的K线图

如图3-45所示，中国重工（601989）于2011年11月30日起接连收出五条阴线，行情进入盘局。股价下跌至2011年12月8日又接连收出七条阴线且多为跳空低开，使股价步入快速的下降通道，下降幅度很大。

二十五、弹头天价

弹头天价就是指在高档区并没有进行箱型整理，只是表现为平稳波动的现象。这种现象代表价格将回档整理。

如图3-46所示，浙江广厦（600052）自2011年11月17日的最低点上涨到12月23日的高点，再没有进行整理攀升，构成弹头天价K线组合，表明此时股价难以继续涨高，有资金在高位逐渐减仓。投资者见此K线组合形态应果断卖出股票，避免接下来的快速下跌风险。

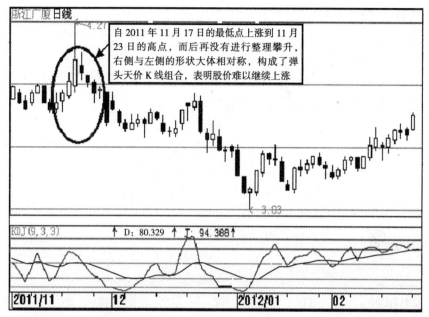

自2011年11月17日的最低点上涨到11月23日的高点，而后再没有进行整理攀升，右侧与左侧的形状大体相对称，构成了弹头天价K线组合，表明股价难以继续上涨

图3-46 浙江广厦（600052）2011年11月至2012年2月的K线图

二十六、M形信号

M形信号就是指大盘出现第一次天价之后，开始回跌，当第二次挑战天价时，却碍于大量卖盘涌现无法突破第一次天价价位，从而在第一次天价价位周围形成第二次天价之后下跌的现象。这种形态类似于英文字母"M"，故称之为"M字形"。这是明确的卖出信号。

如图3-47所示，京运通（601908）在2011年10月17日出现第一次天价，而后连续阴线使股价下跌，在10月24日收最低点。11月4日起开始回升，到11月11日形成高点，但没有超越第一次天价，最后形成M字形。它表明在该区间有大量卖盘抛出，股价无法突破第一次高区，然后回跌向下。这时正是平仓逃命的时机，否则就要承受大跌的风险。

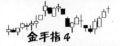

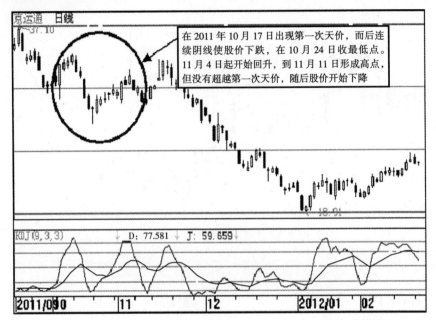

在 2011 年 10 月 17 日出现第一次天价，而后连续阴线使股价下跌，在 10 月 24 日收最低点。11 月 4 日起开始回升，到 11 月 11 日形成高点，但没有超越第一次天价，随后股价开始下降

图 3-47　京运通（601908）2011 年 9 月至 2012 年 2 月的 K 线图

第四章　K线形态的种类及实战技巧

第一节　底部形态

一、头肩底

（一）头肩底的形成

头肩底大多出现在下跌趋势的末期，是最常见的反转形态，是行情下跌到底部低点后的一个重要反转信号。该形态的形成过程中，股价会出现如下三次反弹：

（1）头肩底形态形成的第一步：当股价处于明显下跌途中时，会出现反弹，这是形成此形态过程中的第一次反弹，从而形成了一个低点，我们将它称为"头肩底"形态的"左肩"。

（2）头肩底形态形成的第二步：当股价在第一次反弹中向上运行并到一定高度时，由于受到了阻力而回落，且在这次回落的过程中股价直接跌破前一次的低点，从而形成第二个低点。而后再次出现反弹，这是第二次反弹，我们将它称为"头肩底"的"头部"。

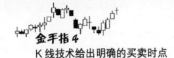

（3）头肩底形态形成的第三步：股价在第二次反弹受阻后出现回落并形成第三个低点，但这个低点要高于第二次所创出来的低点，我们将它称为"头肩底"形态的"右肩"。

（4）头肩底形态形成的第四步：在形成右肩之后股价再次出现反弹，在这次反弹的过程中买盘相当积极，当股价运行到前一次的高点附近时多方发力直接向上突破了这个高点，并继续向上运行，如图4-1所示。

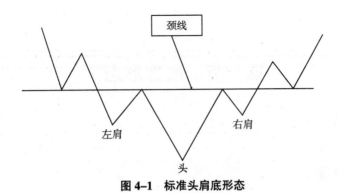

图4-1 标准头肩底形态

图4-2为骆驼股份（601311）在2011年9月21日至2012年1月30日期间的走势图。在2011年9~11月出现了一个头肩底形态。这一头肩底形态出现在个股有较大幅度下跌之后，且在头肩底形态的右半部分出现时成交量出现了较为温和的放大，这预示着资金的持续流入。当投资者在结合个股前期的累积跌幅，以及形态形成之初的成交量进行综合判断时，一旦认为它有可能走出头肩底形态，就可以进行中长线布局，积极加仓买入。

（二）头肩底的实战要点

（1）在形成头肩底形态之初，投资者可以在右肩形成时所出现的股价回调过程中买入，此时买入可看做头肩底形态的第一买点，虽然无法买到头肩底形态中的最底部，但却能使风险大大降低，可视为风险与收益最佳组合下的买点，如图 4-3 所示。

图 4-2　骆驼股份（601311）头肩底形态

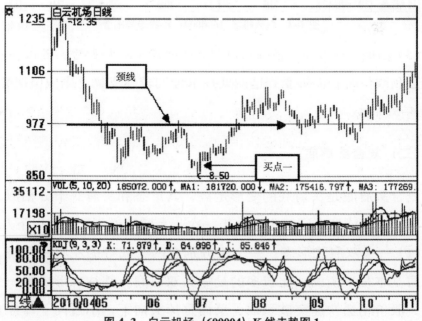

图 4-3　白云机场（600004）K 线走势图 1

（2）较佳的买入信号是当股价向上突破颈线位时，虽然升势只是刚刚确立，但股价已经有了较大的升幅，仍可积极介入做多，如图4-4所示。

图4-4　白云机场（600004）K线走势图2

（3）当股价突破颈线位后，股价随即展开回调走势，若股价经调整接近颈线位时，能够受到这两处技术位的较强支撑，则应坚决介入，如图4-5所示。

（三）复合头肩底

复合头肩底是头肩底的变形走势，其形态和头肩底十分相似，只是肩部、头部或两者同时出现多于一次。大致来说可划分为以下几类：

（1）一头双肩式形态：一个头分别有两个同等的左肩和右肩，左右双肩基本是平衡的。比较多的是一头双右肩，往往在形成第一个右肩时，股价不会快速突破颈线，反而是掉头向下，不过向下却停止在右肩低点之前，最后股价继续沿着原有趋势向上突破，如图4-6所示。

图 4-5 白云机场（600004）K线走势图 3

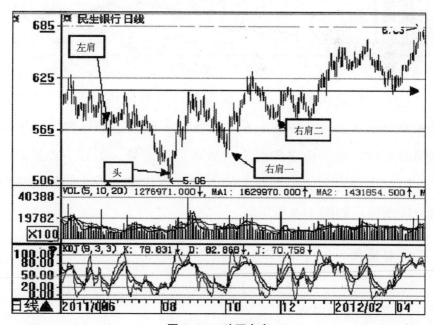

图 4-6 一头双右肩

（2）一头多肩式形态：一般的头肩底都有对称的倾向，因此当两个左肩形成后，很有可能也会形成一两个右肩。除了多空双方的力量之外，图形的左半部和右半部几乎完全相等，如图4-7所示。

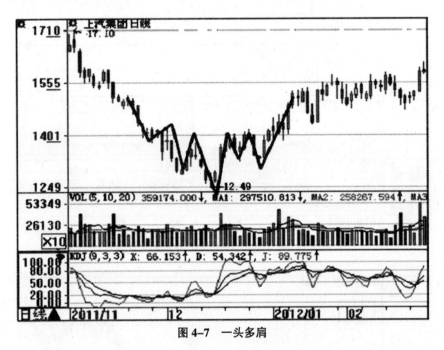

图4-7　一头多肩

（3）多头多肩式形态：在形成头部这段时间内，股价一度回升，并且回升至上次的2/3高点水平才开始向下回落，在这种情况下两个头部明确形成，也可称之为两头两肩式形态走势。但有一点是必须注意的，第一个头时期的多空双方的力量往往比第二个头时期的多空双方的力量要强，如图4-8所示。

二、双重底

（一）双重底的形成

双重底多形成于下降行情的末期，当股价连续下跌后会出现反弹，但是在遇到抛压后，股价又会再一次回落，而且成交量明显减少，直

到前一次的低点时开始止跌企稳。买盘力量开始不断增加，股价有所反弹，到前一次的高点后完成双重底形态。像这种类似英文字母"W"形态的两起两落的走势，我们称为"W底"，如图4-9所示。

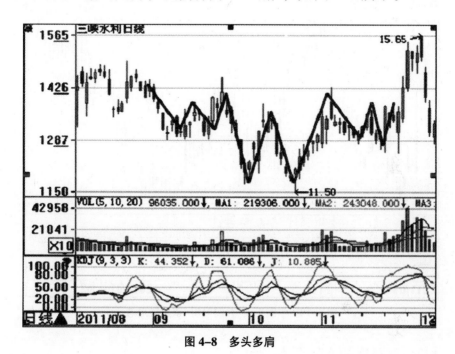

图4-8　多头多肩

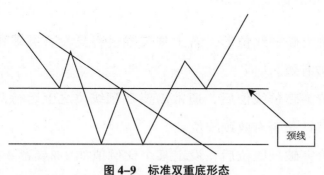

图4-9　标准双重底形态

图4-10为中国平安（601318）在2011年9月21日至2012年1月30日期间的走势图。图4-10中显示，该股在2011年11月15日至2012年2月3日走出了一个双重底形态。该形态形成后，出现了长达两个多月的反弹行情，而双重底形态是明确的底部做多信号，投资者

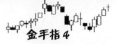

可大胆操作，坚定中长线持筹信心。因为据此做多，成功率很高，获利也相当丰厚。

图4-10 中国平安（601318）双重底形态

（二）双重底的实战要点

（1）股价突破颈线位后，若出现反抽过程且没有突破颈线位，则可看做此突破有效。

（2）股价突破颈线位后，通常需要在颈线位之上运行三至五天的时间，以便确认是否有效颈线位。

（3）股价突破颈线位后，设定某个比例值如1%或者3%，若突破此值，就可视为有效突破。

三、多重底

(一) 多重底的形成

多重底是双重底的复合形态，一般多指三重底，它比双重底多一次探底过程。三重底是股价在下跌过程中跌至某一低位时，股价跌幅放缓，在一个狭窄的区间内不断波动，因而使成交量减少甚至萎缩，多空双方达成平衡的形态。在K线图上可看见三次探底过程，并且三个底部低点基本处于同一水平线上，最后突破颈线位向上涨升，如图4-11所示。

图4-11　亚通股份（600692）多重底形态

图4-11为亚通股份（600692）2011年11月11日至2012年2月23日期间的走势图。图4-11中显示，该股在2011年12月上旬到2012年1月中旬的这段行情中，走出了一个三重底形态。由于在三重底中多了一次探底走势，因而相对于双重底形态来说，三重底所构筑

的底部区间更为牢靠，而且三重底构筑完毕后的上涨空间也更大。投资者一定要对三重底形态加以关注，当三重底形态出现在深幅下跌之后，就是底部买入的信号。

（二）多重底的实战要点

（1）当股价成功突破颈线位时是较好的买入时机。

（2）当股价有效突破颈线位回抽确认后是极佳的买入时机。

（3）股价形成第三个底部低点的周期越长，上涨力度就越大。

（4）当股价形成三重底且伴随着量能的放大，股价具有突破颈线位的趋势时，可积极买入。

四、圆弧底

（一）圆弧底的形成

圆弧底是常见的形态之一，它对股价的后期走势有很强的预测功能。它的形成过程大致如下：

（1）股价在经历一波长期下跌之后跌速会放缓，盘中的抛压和成交量会因此而减少。

（2）股价下跌速度不断放缓，并且进入筑底的过程。在此过程中，股价的波动幅度很小，在经过一段时间之后，股价开始慢慢回升。

股价经过了下跌速度放缓、逐步筑底、缓缓回升之后，股价脱离底部并不断向上拉升。从整个过程来看，股价在这段时间里的走势轨迹呈现出圆弧状态，我们将其称为"圆弧底"形态，如图4-12所示。

图4-12为上港集团（600018）2011年11月11日至2012年2月13日期间的走势图。此股在2012年1月之前受大盘的带动，出现了深幅下跌，当股价从高点跌至2012年1月初的2元区间时，走出了一

个圆弧底的 K 线形态。随后股价得以见底，下跌形势结束，股价开始逐步上涨。这是明确的做多信号，投资者应大胆做多，坚定中长线持股信心。

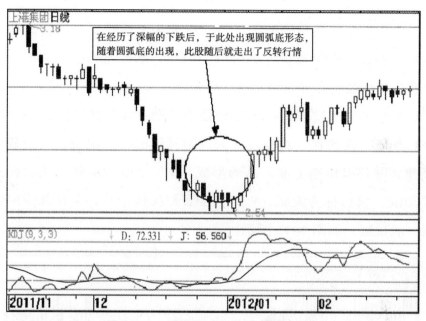

图 4-12　上港集团（600018）圆弧底形态

（二）圆弧底的实战要点

（1）股价在大幅度下跌一段时间后，如果出现下跌速度减缓且有横向运动时，由于成交量的减少甚至萎缩，在此阶段可以逢低买入，以便进行中长期的持股。

（2）股价在底部盘整一段时间后，该股价会有所爬升。此时逢低买盘会逐渐增加，因而成交量也会有温和的放大。当股价开始突破中短期的均线时，则可以逐步增加仓位，进行中短线持股。

五、V形底

（一）V形底的形成

V形底形态是常见的形态之一，庄家为了达到出货的目的往往利用这种形态来诱惑投资者入场接盘。因此，掌握这种形态的市场意义以及实战应用技巧是非常重要的。

V形底的形成过程为：当股价处于长期下跌行情时，在某一段时间突然加速下跌并且下跌幅度很大，但持续的时间很短，而后股价迅速反弹，并得以快速上涨，从而形成"V"字形的走势，我们将其称为V形底，又可称为尖底。V形底是底部反转信号，它在低位停留的时间一般很短，如图4-13所示。

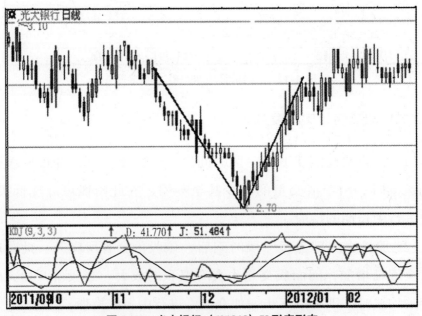

图4-13 光大银行（601818）V形底形态

图4-13为光大银行（601818）2011年9月29日至2012年2月23日期间的走势图。图4-13中显示，该股在2011年11月中旬到

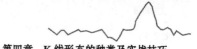

2012 年 1 月上旬的这段盘底行情中，走出了一个 V 形底形态。该股在 2011 年 11 月中旬开始下跌，并形成陡峭持续暴跌状态。但仅持续一日，次日的大阳线使行情快速回转，该股后市行情再创新高，成交量不断增多。看到该股强劲上涨的走势以及 V 形底表明的底部做多信号，投资者应大胆操作，坚定中长线持股信心。

（二）V 形底的实战要点

（1）在 V 形底出现前，短线的下跌幅度越大、下跌速度越快，出现 V 形底部反转的概率就越大。

（2）股价在底部转折点区域若产生巨阳或巨阴时，多空双方进行最后的转换。

（3）V 形底在形成第一根筑底阳线之后一般会在次日或三日以内再度放量飙升，成交量应比前一日有所放大。即使在隔日发生了小幅度的调整，成交量一般也不会发生大幅度的锐减。

（4）一般来说，是否产生 V 形底形态较难判断，因为它的反转通常没有指示或者征兆，而且反转前也没有逐渐缓和的趋势可供参考。V 形底形态的出现，通常是恢复性反弹的结果。它一般产生于严重的超卖行情中或是重大利好消息来临时，由此形成了价格在短期内剧烈波动。

第二节　持续整理形态

整理形态是一种趋势的休整状态。整理形态是指股价在同一个方向经过一段时间的快速运行后，不再保持原来的趋势，而是在一定区

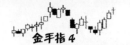

域内出现上下窄幅波动的现象。像这种被上下窄幅波动后所遗留的轨迹，我们称为"整理形态"。等到时机成熟，整理形态就会被打破，一般会选择向上或向下的方向。可以说，整理形态是一种过渡形式，一旦市场做出了选择或主力达到了目的，那么转折也会随之而来。整理形态有很多种，本章中我们会一一介绍这些整理形态。

一、三角形整理形态

根据三角形出现时的特征和形态，可以将其分为对称三角形、上升三角形和下降三角形。其中对称三角形又包括扩散三角形和收敛三角形。下面就对这些三角形整理形态进行分析。

（一）上升三角形

1. 上升三角形的形成

股价在明显的上升通道中运行时，碰到上档的阻力之后就会出现回落。但股价回落到一定位置时会吸引场外资金的入场买进，从而被买盘拉起。股价在回落的过程中没有出现大量的抛压，成交量呈现缩小或萎缩的状态。但在股价回升时盘中的买盘比较积极，成交量会呈现逐步放大的现象，如图4-14所示。

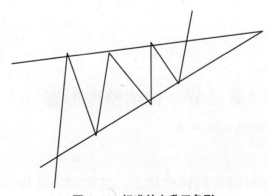

图4-14　标准的上升三角形

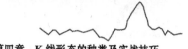

从图4-14中可以看出，上升三角形的低点不断变高，高点基本不变，价格也在由小变大、由宽变窄的变化着，股价的重心在不断上移。因此可判断，上升三角形出现在行情不断上涨途中。

图4-15为长征电气（600112）2011年11月17日至2012年2月23日期间的走势图。图4-15中显示，该股在2012年1月初到2012年1月下旬的这段盘整行情中，走出了一个上升三角形形态。此股在上升三角形出现之前一直处于脱离底部后的上涨趋势之中，上升三角形的出现预示着个股在上升途中遇到了一定的抛压。从图4-15中可以看到，在这一上升三角形出现后，股价突破顶部的阻力线，并呈现出快速上涨的行情。

图4-15 长征电气（600112）上升三角形形态

2. 上升三角形的实战要点

（1）在上升三角形形态中，低点的连线处是较为理想的买点。

（2）当股价在回升的途中，突破了顶部的阻力线后，表明此形态构筑完成，这也是较好的买入点。

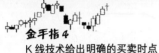

（3）若股价在突破顶部的阻力线后出现了回抽过程，并且当回抽被确认有效后，这会是极佳的买入信号，因为此后股价会出现快速上涨的趋势。

（二）下降三角形

1. 下降三角形的形成

与上升三角形一样，下降三角形的股价K线逐步走出了一个三角形的轮廓，但是下降三角形形态中，股价处于下降趋势中。

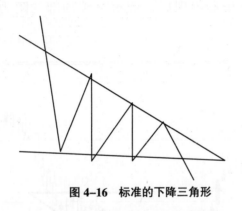

图4-16　标准的下降三角形

从图4-16中可以看出，下降三角形中，低点的连线基本保持水平不变，但顶边高点却不断变低，而且价格的变动区间也越来越小、越来越窄，股价的重心在不断下移。从中可以看出股价的反弹力度不断减弱，因此买盘并不是很积极。

图4-17为福建高速（600033）2011年9月16日至2012年2月23日期间的走势图。从图4-17中可看出，该股2011年9月中旬到11月中旬的股价走势呈现出下降三角形形态，并且在股价下跌途中跌破阻力线时，该股出现了更深幅度的下跌情况，从中也可以看出，下降三角形是非常明确的做空信号，投资者此时应持币观望。

图4-17　福建高速（600033）下降三角形形态

2. 下降三角形的实战要点

（1）下降三角形形态预示着后市看跌，因此它的高点的连线处是第一个卖点。

（2）当出现下降三角形形态时，并且股价跌破三角形下方的水平支撑线时，则表明下跌行情的确立，是明确的卖出信号。

（3）一般情况下，当股价跌破水平支撑线后会有一个回抽的过程，这也是一个比较不错的卖点。

（三）对称三角形

对称三角形包括扩散三角形和收敛三角形两种形态，我们将对其进行一一介绍。

扩散三角形，因其形态酷似喇叭，又称"喇叭形"。此形态一般会分别出现两个或三个的高点和低点，并且高点不断上升且越来越高，低点会不断下降且越来越低，因此高点的连线和低点的连线会形成一

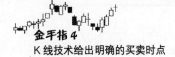

个喇叭状的扩散三角形形态，如图 4-18 所示。

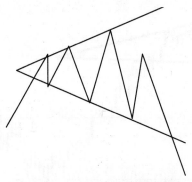

图 4-18 标准的扩散三角形

扩散三角形与收敛三角形的形态大致上是一致的，不同的是三角形的开口方向相反，如图 4-19 所示。

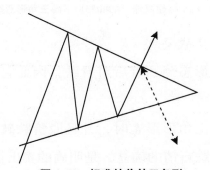

图 4-19 标准的收敛三角形

从图 4-19 中可看出，收敛三角形会出现两个以上的低点和高点，并且低点不断上升，越来越高，而高点则是逐渐下降，越来越低，股价的变动区间也越来越窄。低点和高点的连线便形成了收敛三角形形态。图 4-19 中向下的箭头表明，收敛三角形形态也会经常出现在下跌行情或者顶部区域。

图 4-20 为中国石化（600028）2011 年 9 月 22 日至 2012 年 2 月 27 日期间的走势图。图 4-20 显示，在 2011 年 11 月中旬到 2012 年 1 月中旬走出了一个扩散三角形形态。在不断上涨的行情中，股价上涨

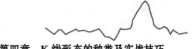

到高位，而后股价开始了长达两个月的动荡，并且一底低于一底，一顶高于一顶。这表明后市将会下跌，是明确的卖出信号，股价最高位是较为理想的卖点，据此做空，以规避风险。

图4-20　中国石化（600028）扩散三角形

图4-21　中国平安（601318）收敛三角形

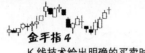
图4-21为中国平安（601318）2011年9月23日至2012年2月27日期间的走势图。从图4-21中可以看出，在2011年10月中旬到12月下旬走出了一个收敛三角形形态。该股刚刚脱离了底部，在开始上升的途中，经过将近两个月的动荡行情，股价开始有所回调整理。收敛三角形的出现，预示着该股将摆脱底部状态，经过整理，股价开始迅速回升。因此，投资者可以逢低进场做多。

对称三角形的实战要点，可以分别从扩散三角形和收敛三角形两种整理形态来介绍。

1. 扩散三角形的实战要点

（1）扩散三角形在高位或下降途中出现时，则预示着后市将看跌，这是明确的卖出信号，并且在此形态的最后一个高点出现时，此高点为第一个卖点。

（2）当股价跌破扩散三角形的底边支撑线时，这是最后的止损点，也是另一个卖点，投资者可适时卖出。

（3）扩散三角形形态的出现往往预示着股市的下跌行情即将出现，但是市场走势往往变幻莫测，如果扩散三角形出现在底部区域，那么则是较为可信的买入信号。

2. 收敛三角形的实战要点

（1）收敛三角形可向上或向下突破。当收敛三角形向上突破有效时，一般出现在上升趋势中。此时，股价突破收敛三角形顶边的压力线并且有一定幅度的上升，同时成交量也会不断放大。当收敛三角形向下突破有效时，与上述情况相反，一般出现在下降趋势中。此时，股价会突破收敛三角形底部的支撑线，并且股价出现大幅度下跌的现象。

（2）收敛三角形的形成时间较长，一般在一个月左右。该形态多会出现在大趋势的途中，以示休整。如果收敛三角形持续的时间很长，那么原有趋势保持的概率将会减小，就会出现相反的运行趋势。

（3）如果在上涨趋势中，收敛三角形出现在股价突破长期均线的上方时，那么该形态向上突破有效且力度较强，后市股价将会有可观的涨幅；如果在下降趋势中，则情况相反。

（4）收敛三角形形态在产生突破后，偶尔会有反抽的现象出现。向上突破产生反抽则可逢低买入，向下突破产生反抽则应迅速离场。

二、矩形整理形态

（一）矩形的形成

矩形是指股价在上升的途中，由于遇到某种阻力而出现回落，随后又在某一区域被拉回，并且回升到前一高点处，紧接再次受阻回到低点区域并再次获得支撑的现象。将底边低点和顶边高点连接起来就形成了一个平行规则的区间，矩形形态因此而形成。在矩形形态形成过程中，股价在两条水平线之间不断变动，上升或者回落。矩形又称"箱体"。

（二）矩形结束时的突破方向

矩形形态既可出现在上涨的途中，也可出现在下跌的途中，并且突破时的方向既可向上也可向下，如图 4-22 所示。

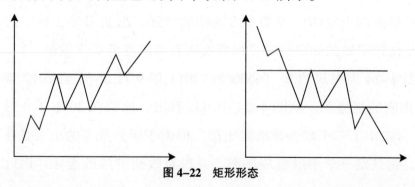

图 4-22 矩形形态

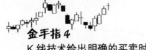

当矩形形态结束向上突破时，则预示股价将会上涨，此时是较为明确的买入信号；与此相反，当矩形形态结束向下突破时，则表明股价会下跌，此时便是卖出信号。

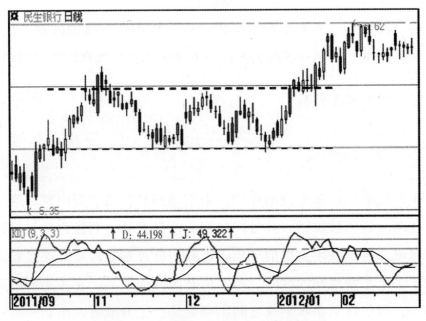

图 4-23　民生银行（600016）上涨途中矩形

图 4-23 为民生银行（600016）2011 年 9 月 27 日至 2012 年 2 月 27 日期间的走势图。从图 4-23 中可以看出，该股在上升趋势中，在 2011 年 10 月下旬到 2012 年 1 月初走出了一个较为规则的矩形。该形态的出现表明，多空双方力量在此期间基本平衡，并不断地交战。而后矩形结束向上突破，说明多方的动能增强，股价开始上升。这种走势也是比较明显的做多信号，提醒投资者可以逢低买入做多。

图 4-24 为东风汽车（600006）2011 年 9 月 26 日至 2012 年 2 月 27 日期间的走势图。从图 4-24 中可以看出，该股在 2011 年 9 月下旬到 11 月走出了一个较为标准的矩形。但由于矩形形态的出现是在下跌途中，它只是一个中继整理形态，并没有改变整体的走势。因此，在

完成整理后，股价继续下跌，此阶段是较为可信的做空信号，投资者应出场观望。

图 4-24   东风汽车（600006）下跌途中矩形

（三）矩形的实战要点

（1）在上升趋势中，当股价突破矩形形态顶边的压力线时，表明向上突破有效，股价将开始调整回升；同理，在下降趋势中，当股价突破矩形形态底边的支撑线时，表明向下突破有效，股价将会有新一轮的下跌。

（2）当矩形被突破后，股价往往会出现回抽的现象。回抽确认将受到顶边压力线的支撑或者是底边支撑线的反压。

（3）当出现矩形形态时可进行短线操作，即在箱底附近买入，在箱顶附近卖出，以获得差额利润。

三、旗形整理形态

（一）上升旗形

1. 上升旗形的形成

上升旗形是一种典型的整理形态，一般出现在上涨行情中。它是由一个旗杆和一个略微向下倾斜的四边形波段组成。这种形态下的上下两条平行线分别起着压力和支撑的作用，如图 4-25 所示。

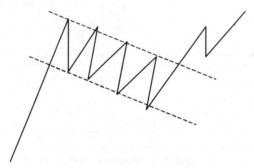

图 4-25　标准的上升旗形

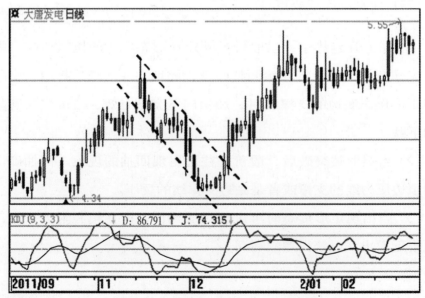

图 4-26　大唐发电（601991）上升旗形

图 4-26 为大唐发电（601991）2011 年 9 月 23 日至 2012 年 2 月 27 日期间的走势图。从图 4-26 中可以看出，该股在 2011 年 11 月中旬到 12 月中旬走出了一个较为标准的上升旗形整理形态。该形态出现在上涨行情中，经过近一个月的中继休整，股价仍按原来的上升趋势继续运行，即后市股价仍将继续上涨。此形态的出现表明宜做多，投资者可适时介入，以获得收益。

2. 上升旗形的实战要点

（1）上升旗形的运行周期不应过长，并且在该形态内成交量会大大减少甚至大幅萎缩，以保证此形态的作用不断增强。

（2）当出现上升旗形形态时，最佳的买入点是上升旗形向上突破旗形上轨的压力线。在上升旗形下方支撑线被跌破处可设止损点。

（二）下降旗形

1. 下降旗形的形成

下降旗形一般出现在下跌行情中，与上升旗形相对应。它的形态过程与上升旗形相反，简单来说，在股价不断下跌的过程中会在某一位置得到支撑并开始企稳反弹，而后上升的通道会被打破，下降旗形也因此形成，如图 4-27 所示。

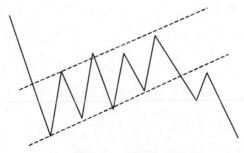

图 4-27　标准的下降旗形

图4-28　日照港（600017）下降旗形

图4-28为日照港（600017）2011年9月26日至2012年2月27日期间的走势图。从图4-28中可以看出，在2011年9月下旬到11月中旬走出了一个相对标准的下降旗形。在整体的下跌趋势中，下降旗形的出现只是一个中继整理阶段，并没有改变后期走势。一旦该形态休整完毕，股价仍将继续下跌，该形态也是明显的做空信号，投资者应最大限度地规避风险，及时趁反弹出局。

2.下降旗形的实战要点

（1）下降旗形的运行周期不应过长，并且在该形态内成交量会大大减少甚至大幅萎缩，以保证此形态的作用不断增强。

（2）当下降旗形向下突破旗形下轨的支撑线时，股价将继续下跌，下跌行情仍将继续。

四、楔形整理形态

楔形形态也是较常见的短期调整形态。它与旗形形态相似，只是从形态上看，楔形更像挂在旗杆上的三角旗。该形态由旗杆和上下两条在短期内交叉的颈线组成。这种楔形形态一般分为上升楔形和下降楔形。

上升楔形一般出现在上升趋势中，由旗杆和向下倾斜的三角形组成。它的上下两条边朝着同一方向倾斜，与原来的上升趋势方向相反。而下降楔形则与上升楔形相反，该形态多出现在下降趋势中，由旗杆和上升的三角形组成。下降楔形的低点的连线是向上倾斜的，与原来的下降趋势方向相反，如图 4-29 所示。

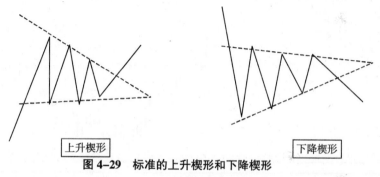

上升楔形   下降楔形

图 4-29　标准的上升楔形和下降楔形

图 4-30　蓝科高新（601798）上升楔形

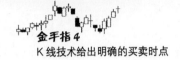
图 4-30 为蓝科高新（601798）2011 年 9 月 26 日至 2012 年 2 月 27 日期间的走势图。从图 4-30 中可以看出，该股在 2011 年下旬到 2012 年 1 月中旬走出了一个较为标准的上升楔形。该形态出现在上涨行情中，经过近一个月的中继休整，股价仍按原来的上升趋势继续运行，即后市股价仍将继续上涨。此形态的出现表明宜做多，投资者可适时介入，逢低进场，以获得收益。

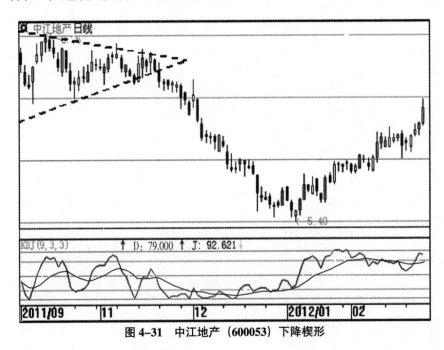

图 4-31　中江地产（600053）下降楔形

图 4-31 为中江地产（600053）2011 年 9 月 28 日至 2012 年 2 月 27 日期间的走势图。从图 4-31 中可以看出，该股在 2011 年 9 月下旬到 11 月初走出了一个相对标准的下降楔形。该股出现在下降行情中，虽然经过一段较长时间的休整，但股价仍按原来的趋势运行。一旦该形态休整完毕，股价仍将继续下跌，该形态也是明显的做空信号，投资者应最大限度地规避风险，及时趁反弹出局。

楔形的实战要点，我们分别从上升楔形和下降楔形两种整理形态来介绍。

（一）上升楔形的实战要点

（1）通常情况下，上升楔形的整理时间不宜过长，该形态的成交量也会呈现出从左向右的递减趋势。

（2）在上升楔形形态中，最佳的买入时机是在股价向上突破上升楔形上轨的情况下。

（3）当股价向上突破压力线并回调时获得支撑，可确认向上突破有效。

（4）上升楔形一般出现在上升趋势中，在多数情况下会向上突破，但也会出现向下突破的情况，这会使趋势向相反的方向发展。

（二）下降楔形的实战要点

（1）通常情况下，下降楔形的整理时间不宜过长，该形态的成交量也会呈现出从左向右的递减趋势。

（2）在下降楔形形态中，当股价越接近该形态的顶部区域，它的成交量会越来越小。

（3）在下降楔形形态中，最佳的卖点是下降楔形向下突破底边边线和突破之后接近反压线时。

五、K线缺口

（一）普通缺口

1.普通缺口的形成

普通缺口是指可以出现在任何走势形态中，但更多地出现在盘整区的向上或向下跳空的缺口。由于市场冷淡，投资者毫无兴趣，相对于较小的卖单或买单来说都足以引发价格跳空，因此会出现普通缺口。

该形态的出现会对投资者判断当前的走势有帮助，如图 4-32 所示。

图 4-32　中国平安（601318）普通缺口形态

图 4-32 为中国平安（601318）2011 年 9 月 22 日至 2012 年 2 月 28 日期间的走势图。从图 4-32 中可以看出，该股出现了向上的普通缺口形态。该股处于上升趋势中，但在 2011 年 10 月中旬至 12 月初经过较长时间的盘整期，在这期间出现连续向上跳空的缺口并很快回补，可见股价的回调力度较大。因此，投资者在此阶段可逢低进场吸纳。

2. 普通缺口的实战要点

普通缺口最为明显的特征是缺口会被快速回补。当出现向上的普通缺口时，可在缺口上方的相对高点抛出股票，等到缺口封闭后再买入股票，如图 4-33 所示。

当出现向下的普通缺口时，可以在缺口下方的相对低点买进股票，之后等到缺口封闭后再将股票卖出。普通缺口的这种特性会给投资者的短线操作带来机会，并且会有较为客观的收益，如图 4-34 所示。

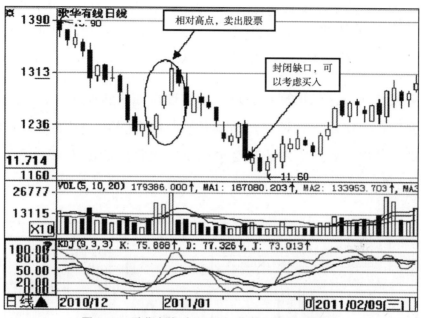

图 4-33 歌华有线 (600037) 普通上升缺口买卖点

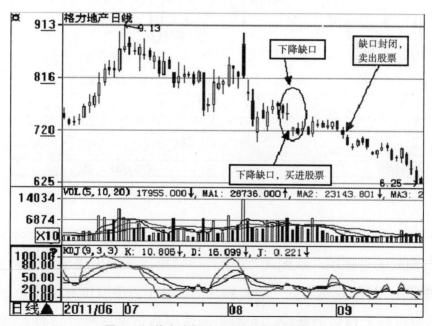

图 4-34 格力地产 (600185) 普通下降缺口

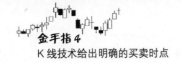

（二）突破性缺口

1. 突破性缺口的形成

突破性缺口一般出现在股价打破整理盘局的初期，并且对整理盘局的突破产生作用。这种在行情刚开始时出现的第一个缺口，我们称为突破性缺口。该形态的出现会使股价迅速脱离盘整状态，并且在相对较长的时间内不会回补，如图 4-35 所示。

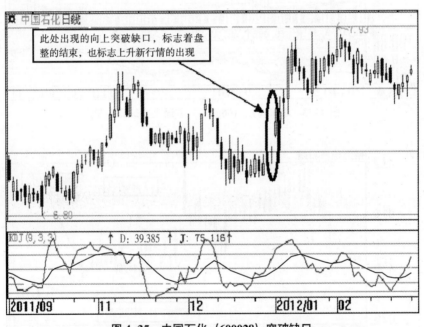

图 4-35　中国石化（600028）突破缺口

图 4-35 为中国石化（600028）2011 年 9 月 22 日至 2012 年 2 月 28 日期间的走势图。从图 4-35 中可以看出，该股出现了一个向上的突破缺口。该股在前期处于较为震荡的走势中，但股价有小幅的上涨，而后股价处于相对的低位，表明当横盘震荡结束后股价会向上突破。而此时向上突破缺口的出现，则更加预示盘整期的结束，未来的行情将会上涨。

2. 突破性缺口的实战要点

突破缺口的出现会使股价向某一方向急速运动并远离原有形态。它的出现一般预示行情会发生巨大的变化。

当出现向上的突破缺口时，缺口出现在股价的相对低位，并且突破时成交量明显增大，缺口没有被封闭，此时投资者可大胆买入，如图 4-36 所示。

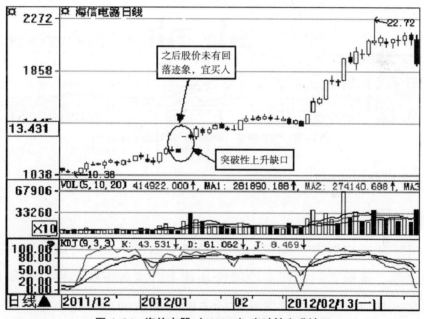

图 4-36　海信电器（600060）突破性上升缺口

当出现向下的突破缺口时，其情况与向上的突破缺口情况相反，缺口出现在个股的相对高位区，成交量也有明显增大，且缺口没有被封闭，那么在此时投资者应尽快卖出，如图 4-37 所示。

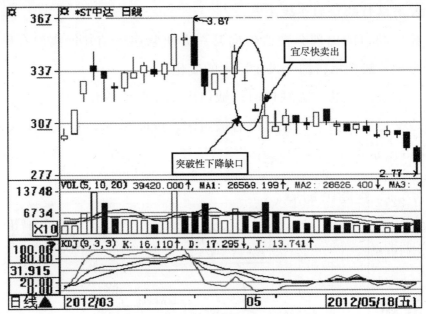

图 4-37 *ST 中达（600074）突破性下降缺口

（三）持续性缺口

1. 持续性缺口的形成

持续性缺口既有可能在上涨的趋势中出现，也有可能在下跌的趋势中出现。该形态的出现会使股价加速上升或者下跌。持续性缺口出现在突破缺口之后，并且其跳空的方向与股价的总体走势相一致，即它维持了个股原来的趋势运动。出现这种情况可以大概估计出股价在将来可能移动的距离，因此也称为测量缺口，如图 4-38 所示。

图 4-38 为亚星锚链（601890）2011 年 12 月 1 日至 2012 年 2 月 28 日期间的走势图。从图 4-38 中可以看出，该股 2011 年 12 月 1 日至 2012 年 1 月 5 日处于下跌行情。在持续下跌的行情中出现了向下的持续缺口，因而对原来的下跌趋势起到加速作用，趋势下跌迹象越来越明显，而且股价开始加速下降。

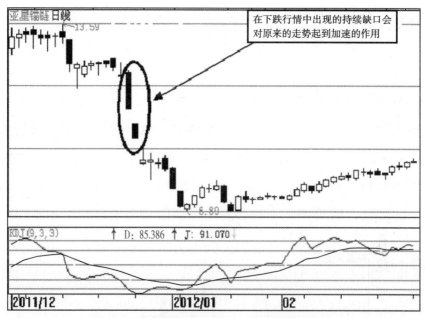

图 4-38 亚星锚链（601890）下跌途中持续缺口

图 4-39 宁波富邦（600768）上升途中持续缺口

图 4-39 为宁波富邦（600768）2011 年 10 月 25 日至 2012 年 2 月 28 日期间的走势图。从图 4-39 中可以看出，该股从 2011 年 12 月下

旬股价开始反弹，呈现上涨趋势。而后在上涨途中出现了加速行情上涨的向上的持续性缺口。该持续性缺口的出现使得以后的股价上涨速度加快。

2. 持续性缺口的实战要点

持续性缺口既可能出现在上涨趋势中，也可能出现在下跌趋势中。无论出现在哪一种趋势之中，它的出现都表明原有的趋势仍将继续。当持续性缺口出现在上涨趋势中时，投资者可持股观望，不要急于抛出手中的筹码，应等到上涨趋势发出见顶信号为止，如图 4-40 所示。

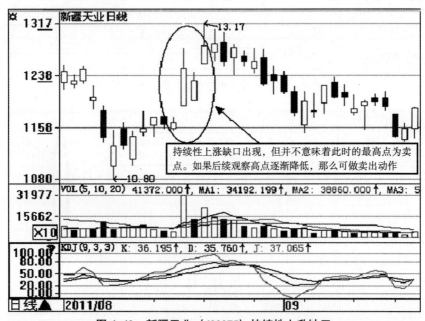

图 4-40　新疆天业（600075）持续性上升缺口

当持续性缺口出现在下跌趋势中时，表明此股的下跌速度会加快，投资者可在场外持币观望，不可盲目抄底，应等到下跌趋势发出见底信号为止，如图 4-41 所示。

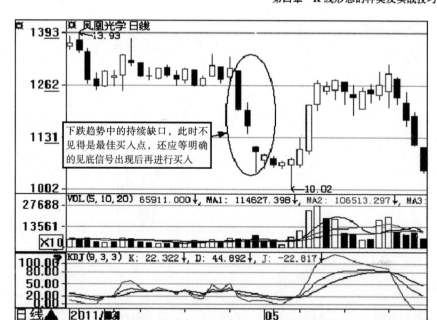

下跌趋势中的持续缺口,此时不见得是最佳买入点,还应等明确的见底信号出现后再进行买入

图4-41 凤凰光学（600071）持续性下跌缺口

（四）衰竭性缺口

1. 衰竭性缺口的形成

衰竭性缺口通常出现在个股累计涨幅巨大或跌幅巨大的情况下。它表示一段大的上涨或下跌趋势即将结束，是原有行情即将结束的信号。股价会在此价位上最后一跳，原来的趋势即将终止，应引起投资者的重视，如图4-42所示。

图4-42为明泰铝业（601677）2011年9月20日至2012年2月28日期间的走势图。从图4-42中可以看出，该股在长期下跌的行情中，于底部出现了向下的缺口，而后出现的阳线使股价开始止跌企稳，据此可判定此缺口为衰竭性缺口。这给投资者发出警示信号，股价将见底，可适时做出正确决定。

在下跌行情中，于下跌末期出现向下的衰竭缺口，表明行情即将发生变化

图4-42 明泰铝业（601677）下跌末期衰竭性缺口

2. 衰竭性缺口的实战要点

衰竭性缺口出现在巨幅上涨或下跌的趋势中。它会出现向上或向下的缺口，并且与原来趋势的方向一致，这就容易与持续性缺口混淆。因此判断出现的缺口是否是衰竭性缺口，可以从以下几个方面来看：

（1）从此股的整体趋势来看，若处在巨幅上涨或下跌趋势中，且股价处于高位区或相对低位区，则为衰竭性缺口的可能性就会很大。

（2）当出现此缺口时，若股价在顶部滞涨，或者在底部止跌企稳，那么说明股价即将见顶或见底，因此是衰竭性缺口的可能性就会很大，如图4-43所示。

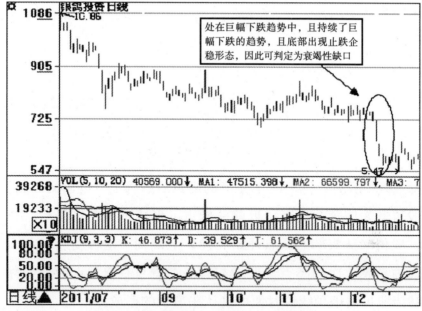

图 4-43　银鸽投资（600069）衰竭性缺口

第三节　顶部形态

一、头肩顶

（一）头肩顶的形成

头肩顶形态的形成与前面讲到的头肩底的形成过程相反，该形态出现在上涨趋势的末期，是行情上涨到顶部高点的一个重要的反转信号。头肩顶在上升的途中出现三个峰顶，如图 4-44 所示。

从图 4-44 中可以看出，头肩顶形态的形成过程大致为：首先，股价不断上涨，但到一定高度后开始回落，形成左肩；其次，股价从左

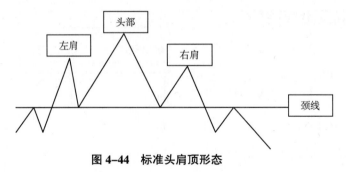

图4-44　标准头肩顶形态

肩的低点开始反弹，当超越了左肩的高点后继续上升创出另一新高点，而后股价开始回落并逐渐接近前一低点，形成了头部；最后，头部形成后，股价又从头部的低点开始反弹，上升到一定程度后回落，但股价已无力超越上次的高点，形成右肩。左肩与右肩低点的连线称为颈线位。当股价跌破颈线位时便可确认头肩顶的形成。

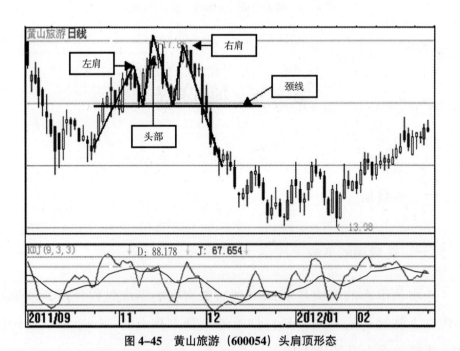

图4-45　黄山旅游（600054）头肩顶形态

图4-45为黄山旅游（600054）2011年9月22日至2012年2月28日期间的走势图。从图4-45中可以看出，该股在2011年10月下

旬至 12 月上旬走出了一个较为标准的头肩顶形态。在这期间，股价不断上升回落，但始终没有突破头部的高点，因此该形态的出现表明空方占据市场，这是明确的多转空信号。若出现该形态，投资者为规避风险宜做空。

（二）头肩顶的实战要点

（1）当头肩顶形态出现时，此时第一卖点为股价从头部下落跌破本轮上升趋势时，这个时候投资者可以尽快抛出，如图 4-46 所示。

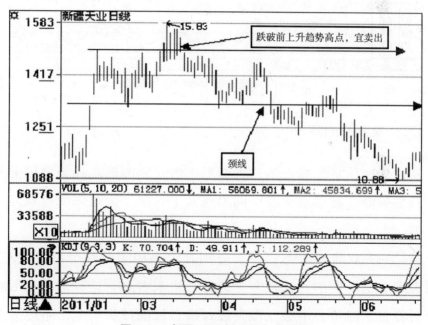

图 4-46　新疆天业（600075）头肩顶

（2）当出现头肩顶形态时，中长线投资者可以在头肩顶颈线位被击穿正式形成时卖出，这是第二卖点。因为此时虽与高点有一定的距离，但行情才刚刚开始逆转，适合中长线投资者在此卖出，如图 4-47 所示。

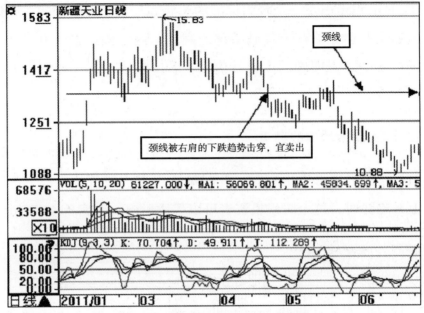

图4-47　新疆天业（600075）头肩顶

（三）复合头肩顶

复合头肩顶是头肩顶的一种变形走势，它的形态和头肩顶十分类似，只是头部、肩部或两者一同出现大于一次。大致来说可划分为以下三类：

（1）一头双肩式形态：一头分别有大小相同的两个右肩或左肩，双肩大致上是平衡的。比较常见的是一头双右肩，这种情况在形成第一个右肩时，股价并不会立即突破颈线，反而掉头向上，不过向上却止于右肩低点之间，最后股价继续沿着原来的趋势向下寻求突破，如图4-48所示。

（2）一头多肩式形态：普通的头肩底都会有对称的倾向，很有可能会有一两个右肩在第二个左肩形成之后出现。在多空双方的力量之外，图形的右半部和左半部基本相等，如图4-49所示。

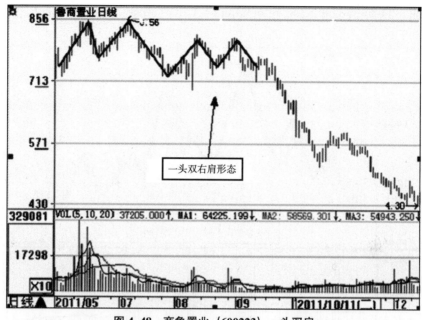

图 4-48　商鲁置业（600223）一头双肩

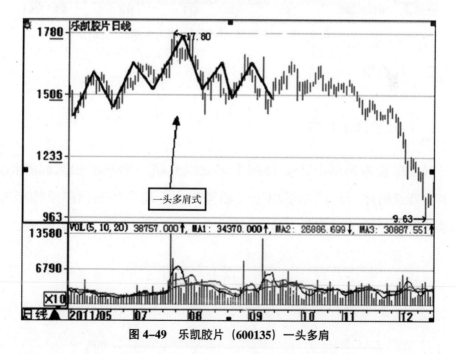

图 4-49　乐凯胶片（600135）一头多肩

（3）多头多肩式形态：在头部形成的期间，股价将一度回升，而且会回升至上次 2/3 的高点水平才开始向下回落，会有明显的两个头部形成，这种情况也可称作两头两肩式形态走势，如图 4-50 所示。

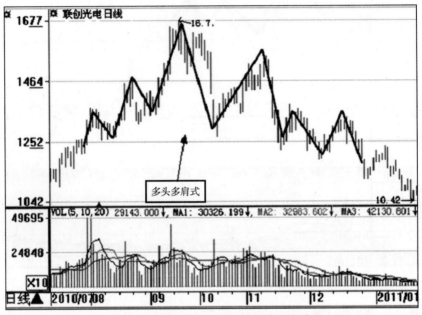

图 4-50 联创光电（600363）多头多肩

二、双重顶

（一）双重顶的形成

双重顶是常见的股价走势图形，它没有肩，由两个相同或者相差不多的高点组成。该形态是由上升趋势转为下降趋势的顶部反转形态，又因其形态如同英文字母"M"，故也称"M顶"，如图 4-51 所示。

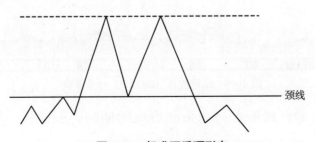

图 4-51 标准双重顶形态

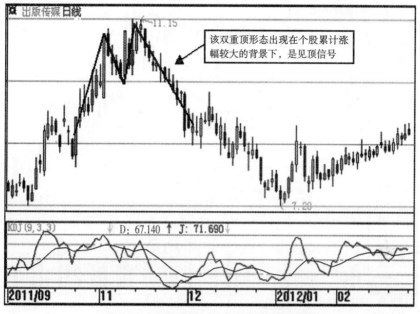

图 4-52　出版传媒（601999）双重顶形态

图 4-52 为出版传媒（601999）2011 年 9 月 22 日至 2012 年 2 月 28 日期间的走势图。从图 4-52 中可以看出，该股在 2011 年 10 月下旬到 12 月初走出了一个相当标准的双重顶形态。该形态出现在个股累计涨幅较大的情况下，预示着上涨趋势的结束，是见顶信号。投资者见此形态应坚决离场，以规避风险。

（二）双重顶的实战要点

（1）在双重顶形态中，若股价走出第一个顶部并开始下跌，则表明上涨趋势已经结束。但投资者不必急于卖出，可根据股价的反弹情况再做判断。当股价走出第二个顶部时，若放量减少，则应果断卖出，如图 4-53 所示。

（2）在双重顶形态中，当股价向下跌破颈线位时，表明筑顶结束，此时是另一卖点，因为随后股价将下跌，如图 4-54 所示。

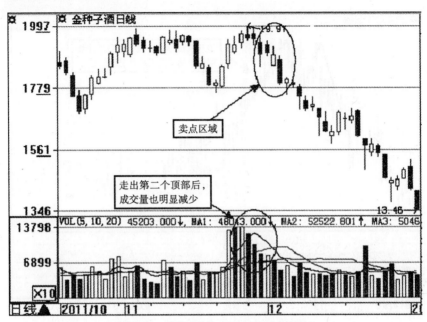

图 4-53　金种子酒（600199）双重顶 1

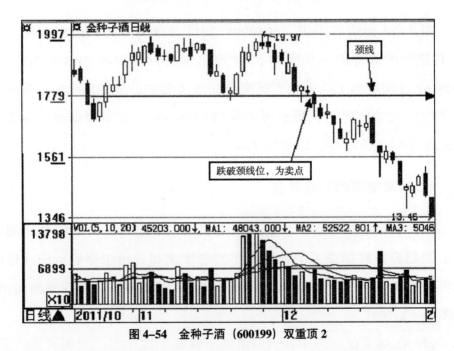

图 4-54　金种子酒（600199）双重顶 2

（3）在双重顶形态中，若出现反抽现象，则股价反弹至颈线附近时也是一个卖点，如图 4-55 所示。

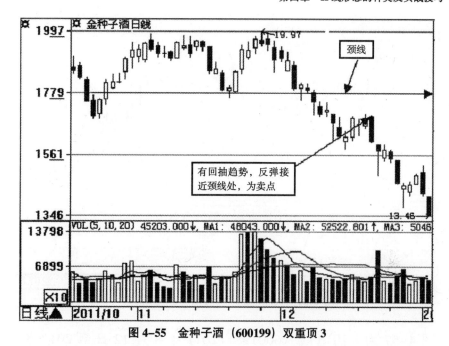

图 4-55　金种子酒（600199）双重顶 3

（4）在双重顶形态中，一般第二个顶点要比第一个顶点低，因为有预见性的投资者会在第二个顶点形成前就开始卖出，使股价无法返回到第一高点处。

三、多重顶

（一）多重顶的形成

多重顶是双重顶的复合形态，在此主要指三重顶。三重顶比双重顶多一个顶，一般由三个高点和两个低点所组成，如图 4-56 所示。

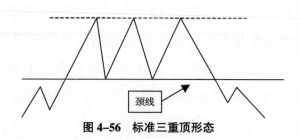

图 4-56　标准三重顶形态

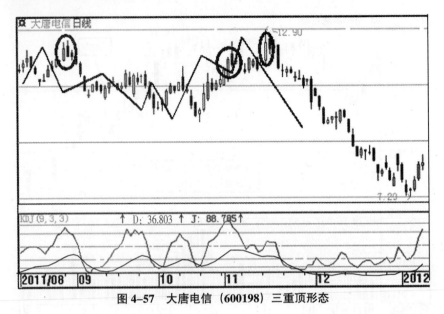

图4-57 大唐电信（600198）三重顶形态

图4-57为大唐电信（600198）2011年8月12日至2012年1月12日期间的走势图。从图4-57中可以看出，该股在2011年8月中旬至11月中旬出现了一个三重顶形态。该股前期处于上涨趋势中，而后该形态的出现预示着下跌趋势的到来，是明显的多转空信号。此形态一旦形成，投资者应离场以规避损失。

（二）多重顶的实战要点

（1）三重顶形态的出现与市场环境和主力是否出货有密切关系。当市场环境良好时，个股会在双重顶出现后，仍能再度拉升以形成三重顶形态；反之，则不能形成该形态，而是直接步入下跌通道。如果主力在双重顶形成后没有进行大量仓位的出货，并为了能在高位区出货，主力多数情况下会护盘拉升，从而使个股走出第三个顶部形成三重顶形态。

（2）在出现三重顶形态时，当股价在走向第二个或者第三个顶部时，并且放量不断增加，此时为第一卖点，投资者应果断卖出，如图4-58所示。

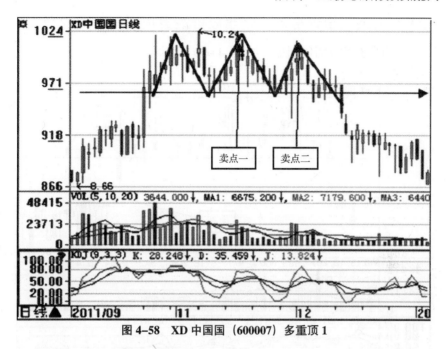

图 4-58 XD 中国国（600007）多重顶 1

（3）在出现三重顶形态时，当股价跌破该形态的颈线位时，表明筑底已经结束，而后将是下跌走势，此为第二卖点，如图 4-59 所示。

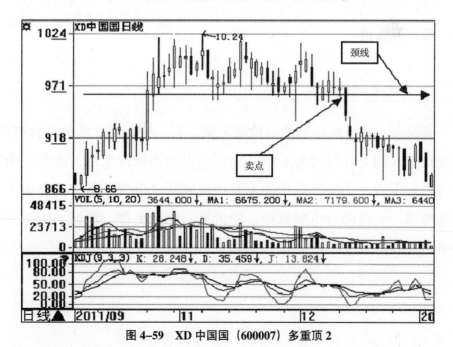

图 4-59 XD 中国国（600007）多重顶 2

（4）在出现三重顶形态时，当股价跌破颈线位出现反抽现象时，投资者也应抓住此卖出时机，如图4-60所示。

图4-60　XD中国国（600007）多重顶3

四、圆弧顶

（一）圆弧顶的形成

圆弧顶一般出现在上升行情的末期，是一种非常扎实的反转形态。当股价进入到上升行情的末期，多空双方的力量发生巨大变化。由于多方遇到阻力，从而使股价的上升速度减缓以至于下跌，多方由主动变为被动，上升动力不断衰竭，股价重心开始下移，形成一个圆弧的形状，我们把这种走势称为"圆弧顶"，如图4-61所示。

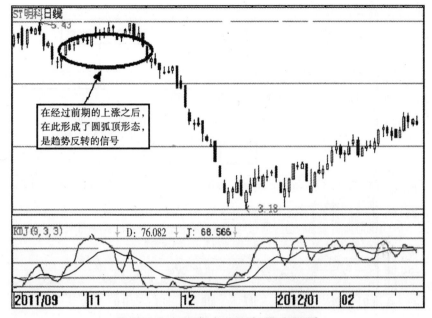

在经过前期的上涨之后，在此形成了圆弧顶形态，是趋势反转的信号

图 4-61　ST 明科（600091）圆弧顶形态

图 4-61 为 ST 明科（600091）2011 年 9 月 30 日至 2012 年 2 月 28 日期间的走势图。从图 4-61 中可以看出，该股在前期不断上涨的行情中，于 2011 年 10 月下旬到 11 月下旬走出了一个圆弧顶形态。圆弧顶形态出现在上涨行情的末期，预示着顶部的到来，也表明上升趋势的结束，下跌趋势即将开始，因此应抓准时机，利用这一顶部反转信号，做好多翻空的转换工作，以规避风险和损失。

（二）圆弧顶的实战要点

（1）当出现圆弧顶形态时，较为理想的卖出时机是股价跌破中期上升趋势，如图 4-62 所示。

（2）当出现圆弧顶形态时，在股价跌破颈线位的当日，投资者应果断卖出，以避免损失，如图 4-63 所示。

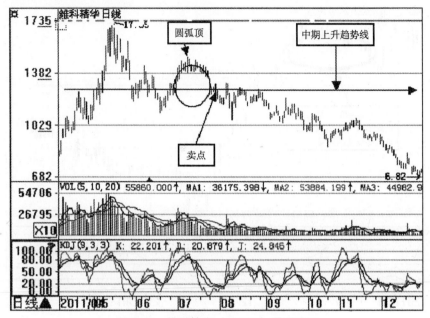

图 4-62 维科精华（600152）圆弧顶 1

图 4-63 维科精华（600152）圆弧顶 2

（3）当出现圆弧顶形态时，在该形态形成破位走势出现回抽现象时，在接近颈线位处为另一卖点，如图 4-64 所示。

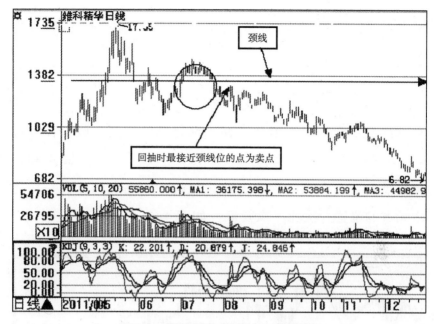

图 4-64　维科精华（600152）圆弧顶 3

（4）当出现圆弧顶形态时，在圆弧顶的末期股价会不断下跌，经常出现跳空阴线，这是强烈的卖出信号，如图 4-65 所示。

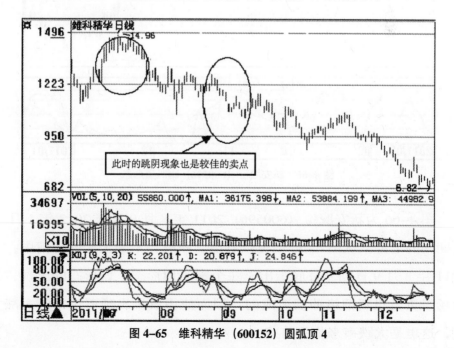

图 4-65　维科精华（600152）圆弧顶 4

五、喇叭顶

（一）喇叭顶的形成

喇叭顶是重要的反转形态。在上涨行情的末期，股价在经过一段时间的上升后开始下跌，如此反复，最后形成了有三个高点和两个低点的喇叭顶形态。在喇叭顶形态形成过程中，高点的位置一次比一次高，而低点的位置一次比一次要低，如图4-66所示。

图4-66　新安股份（600596）喇叭顶形态

图4-66为新安股份（600596）2011年8月9日至2012年1月31日期间的走势。从图4-66中可以看出，该股在不断上涨的行情中，于2011年8月9日到9月底走出了一个喇叭顶形态。该形态的出现，是市场投资者投资情绪冲动造成的，因而使得股价出现不正常的大涨大落，这也是大跌市来临的前兆。

（二）喇叭顶的实战要点

（1）喇叭顶这种形态并没有最少跌幅的量度公式来估计未来的跌势，但一般来说，振幅都比较大。

（2）喇叭顶形态也可能向上突破，如果股价以高成交量向上突破，那么对该形态最初的分析意义就要修正，它显示原来的趋势仍将继续，未来的升幅将十分可观。

（3）喇叭顶形态的形成是因为投资者的冲动和不理智情绪造成的，因此它绝少出现在跌市的底部。

六、孤岛顶

（一）孤岛顶的形成

孤岛顶形态经常出现在长期或中期性趋势的顶部。股价持续上升一段时间后，在某天会忽然呈现缺口性上升，而后股价在高位区域徘徊，但股价会接着出现缺口性下跌，形成一个状似岛屿的形态，我们将它称为孤岛顶，如图4-67所示。

图4-67为澄星股份（600078）2011年6月3日至11月30日期间的走势图。如图4-67所示，该股在持续上涨的行情中，于2011年8月下旬到9月下旬走出了一个孤岛顶形态。该形态的出现预示着股价向淡已成定局，投资者不可盲目卖出，应抓准时机，观察后市走向，以尽量减少损失。

（二）孤岛顶的实战要点

（1）在出现孤岛顶形态时，因为该形态会出现前后两个缺口，所以最佳的卖点是该形态跌破上升趋势线和第二个缺口发生时，在此之

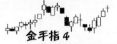

前无法确定发展的方向，如图 4-68 所示。

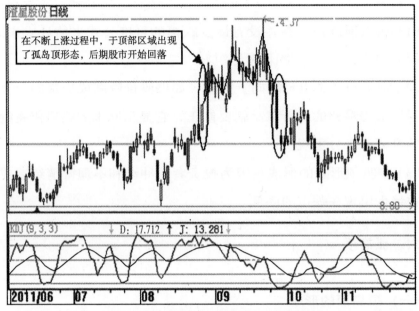

图 4-67 澄星股份（600078）孤岛顶形态

图 4-68 长江投资（600119）孤岛顶

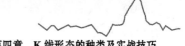

（2）孤岛顶形态的形成时间一般较短，不足以代表主要趋势的意义，但它通常是一个小趋势的折返点，这是多空双方的力量在短期内消长的结果。

（3）在出现孤岛顶形态时，如果当反向缺口没有马上被填补，这代表多空双方势力消长的确认，是趋势反转的信号。

第五章 庄家的控盘操盘法

第一节 庄家控盘过程解析

一、庄家的含义

在特定股票中，拥有一定的资金或是持仓量并有能力在一段时间内控制股价走势的投资者或者机构，我们称之为庄家。

从不同的角度，可以将庄家进行不同的分类：根据走势震幅的大小可分为强庄和弱庄；根据操作周期可分为短线庄、中线庄、长线庄；根据股票走势和大盘的关系可分为顺势庄和逆市庄；根据庄家坐盘顺利与否可分为获利庄和被套庄；等等。

二、庄家控盘过程解析

庄家控盘过程就是低吸高抛的过程，也是一个赚取差价获利的过程。我们可以将庄家控盘过程分为建仓、洗盘、拉升和出货四个阶段。

（一）建仓阶段

建仓是庄家将手中的资金转化为筹码的过程。在此阶段，庄家会在尽可能低的价位买入股票，以转化成更多的筹码，并在股价上涨之后卖出。

（二）洗盘阶段

洗盘阶段庄家的意图和目标非常明确，就是为了让个股在后期可以从容地上涨。在洗盘阶段，如果跟庄者不出逃，那么庄家就会反复地进行横盘震荡或者打压，直到最后洗盘庄家感到满意为止。

（三）拉升阶段

所谓拉升，就是为了实现低吸高抛的目的，庄家不断将股价拉上去。一般情况下，庄家在自己的能力范围内，能将股价拉升多高就拉升多高，而后在较高的价位套现出局。

（四）出货阶段

出货可以说是主力控盘过程中最难的一个环节。在此阶段，庄家会将自己手中所持的筹码在高位区卖出进行套现。该阶段可以说是关系到庄家坐庄成败的关键环节，庄家会在达到设计好的目标价位后选择出货。在一般情况下，庄家出货都会进行反复地炒作，最终才会完成全仓出货。

任何庄家在实际控盘时都会经历以上各个阶段，如图5-1所示。

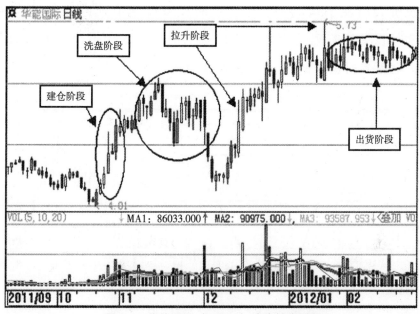

图 5-1　华能国际（600011）庄家控盘过程

第二节　庄家建仓技术

庄家持股的第一步就是建仓，以把某只股票的价格拉升起来从而开始逐步买入。庄家的建仓技术一般有先上后下式建仓、先下后上式建仓等方式，下面我们将对各种建仓方式进行分析，并辅以应对策略以帮助投资者进行识别。

一、先上后下式建仓

（一）建仓方式

先上后下式建仓是指庄家在股价运行到底部时收集一部分筹码，

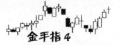
而后股价会出现小幅上扬。但在这时庄家还达不到控筹坐庄的程度，因为这时收集的筹码并不多，庄家随后会再一次对股价进行打压，以达到收集更多目标筹码进行建仓的目的。

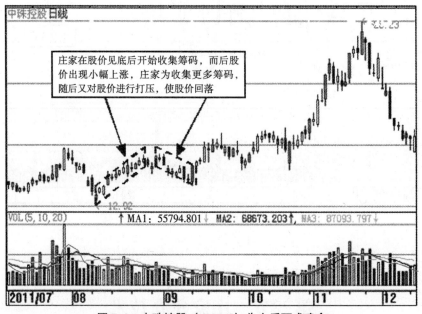

图5-2　中珠控股（600568）先上后下式建仓

图5-2所示的中珠控股（600568），庄家就是采用的先上后下的方式建仓。从2011年8月8日到2011年9月8日期间，庄家在股价底部区域开始收集一部分筹码，在收集筹码的过程中，股价也呈现出缓慢地不断攀升的状态，量能也温和放大。而后为了让前期获利的部分散户出局并抛出手里的筹码，庄家利用手里所掌握的筹码对股价进行打压，并在此收集筹码，从而达到建仓的目的。在完成建仓后，股价开始上涨，后市趋势不断上升。

而典型的先上后下的建仓方式则有股价走出牛长熊短的形态。所谓的牛长熊短，是指当个股的股价被缓慢推高后，股价会出现回落，成交量萎缩，而后股价从低位开始回升，这也是庄家打压吸筹的痕迹。

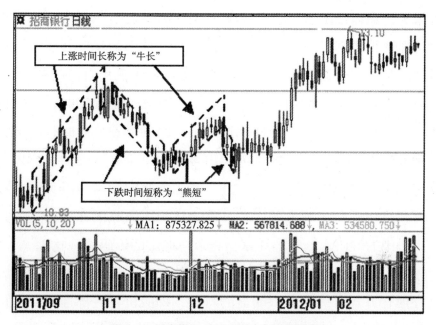

上涨时间长称为"牛长"

下跌时间短称为"熊短"

图 5-3 招商银行（600036）牛长熊短形态

从图 5-3 可以看出，招商银行（600036）在 2011 年 10 月中旬至 2011 年 12 月中旬期间走出了一个牛长熊短的形态，并通过该形态完成了先上后下的建仓。由于庄家不希望其建仓的成本过高，因此会在价位相对较低的地方来吸筹，当把股价推高后，庄家往往会在大盘震荡的时候对股价进行打压，以吸纳更多的筹码。对于这种形态的建仓方式，投资者有必要注意这种走势的发生位置，只有在相对较低位才能断定是庄家在吸筹。如图 5-3 所示，该股在下跌趋势末期，股价出现回升的情况，这表明庄家已经在收集筹码，而后在上涨一段时期后对股票进行打压，以收集更多的筹码。经过反复两次打压，股价开始持续上升，后市上涨趋势已定。

总之，采用这种先上后下的建仓方式，股价会在开始时缓慢攀升，并伴随着成交量有所放大。在此期间，股价的涨幅不会很大，而且盘中经常出现震荡。但在这个过程中，也有可能会出现股价在某天突然

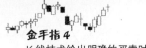

放量大涨，盘口挂出大卖单而被庄家对倒掉的情况。

这里所说的对倒，就是庄家自己买自己挂出的卖单，庄家这样做的目的，是让散户误认为庄家在出货，然后纷纷卖出自己的获利筹码，庄家正好趁这个机会悄悄买进。在股价上升到一定程度时，庄家再用对倒的手法把股价压低，这样就形成了下跌的形态。此时，一部分散户看到股价在不断下跌，就认为卖出筹码的决定是正确的，所以也就不会考虑再买回来了。没有出局并且意志不坚定的散户看见股价在下跌，并且盘中不断出现大的卖单，就会认为庄家真的在出逃，于是紧急抛出手中的筹码，这时的庄家会将散户抛出的筹码一一吃进。

先上后下的建仓方式一般运用在股价经过一波下跌行情之后，采用这种建仓方式有一个非常明显的特征，即股价在底部迎来一波反弹行情，但反弹力度有限，反弹过后，股价会继续回落下跌，有的甚至回落到刚开始反弹的低点位置。

（二）K线走势特征

1. 建仓初期，股价小幅攀升

从K线走势图上可以看出，当采用先上后下的方式建仓，股价会从底部开始上涨并且是小幅度的攀升，很少会出现急速上涨的走势。这是因为在建仓初期，庄家手里还没有足够的筹码把股价拉起来。

2. 建仓中期，步步推进

在建仓的中期阶段，股价缓慢攀升，并逐步向高处推进，盘面上呈现出来的K线走势主要以小阳线为主。但也会有庄家急于收集大量筹码，股价在某天大幅上涨甚至涨停的情况。

3. 建仓后期，打压股价

当庄家收集到一定数量的筹码后，股价会被推高到一定的位置。庄家为了可以在相对低位收集大量筹码，就会利用已经收集到的筹码，通过抛售或对倒来打压股价。

在这种情况下，股价就会调头向下，K线走势上就会出现三种不同的形态：

（1）如果庄家的打压手法比较温和，那么就会出现阴阳交错的K线走势形态，但主要以阴线为主。

（2）如果庄家的打压手法比较凶悍，那么股价就会快速回落，K线图上也会连续出现阴线，甚至是向下跳空的长阴线。

（3）当股价回落临近结束的时候，K线走势图上会收出止跌信号的K线，比如十字星形态或者锤头形态，或者收出一根带长下影线的K线等。

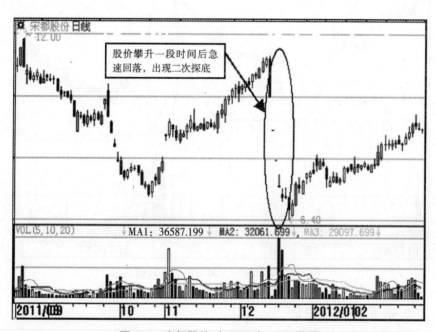

图 5-4 宋都股份（600077）日 K 线图

从图 5-4 中可以看出，宋都股份（600077）在不断下跌行情中，于 2011 年 10 月 20 日见底，而后股价开始回升，庄家开始建仓。在建仓过程中，股价不断回升，但在 2011 年 12 月 14 日出现的大阴线使股

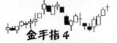
价迅速下跌，而后连续几个交易日的向下跳空阴线，使股价急速下降到底部，出现了二次探底，可见庄家的打压手法相当强悍。

从成交量特征方面来看，庄家在建仓的过程中，不断收集筹码。当股价上涨到一定程度后，庄家开始打压股价，而后再次收集筹码，成交量则表现为先放量后缩量。也就是说，股价在开始回落的时候，会出现放量的现象，但在股价回落几天以后，就会慢慢地缩量。我们仍以宋都股份（600077）为例来看在先上后下的建仓方式下成交量的变化情况，见图 5-5。

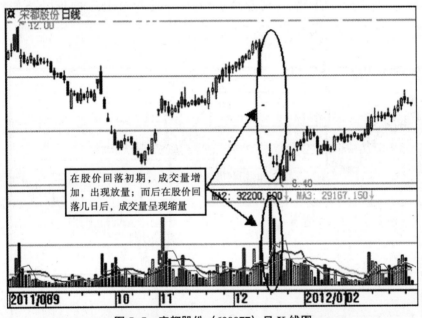

在股价回落初期，成交量增加，出现放量；而后在股价回落几日后，成交量呈现缩量

图 5-5　宋都股份（600077）日 K 线图

二、先下后上式建仓

（一）建仓方式

先下后上式建仓是指股价在已经下跌了一波行情后，庄家在股价继续下跌的过程中不断地收集筹码进行建仓，并且随着股价的不断下

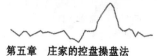

跌，庄家会逐步增加收集的筹码数量。没有收集够的筹码，庄家会在股价见底后的回升过程中继续收集，直到收集到足够坐庄和控盘的目标仓位为止。

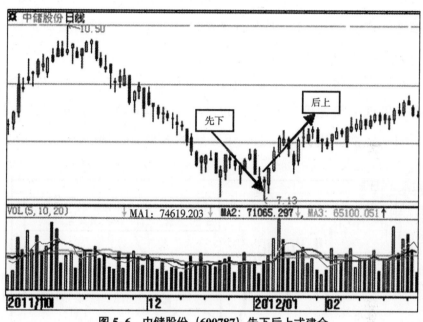

图 5-6 中储股份（600787）先下后上式建仓

如图 5-6 所示的中储股份（600787），庄家就是采用先下后上的手法建仓的。从图 5-6 中可以看出，该股在 2011 年 11 月中旬就开始下跌。在下跌的后期，庄家不断收集筹码。在 2012 年 1 月初，股价逐步见底，庄家见筹码就通吃，盘面的成交量也逐步放大。随后，庄家利用前期收集的筹码拉升股价，在股价上升过程中，庄家再次收集筹码。

而后，在 2012 年 1 月中旬，庄家构筑了一个短期的整理平台。庄家利用这个整理平台把拉升过程中获利的一部分投资者清洗出局，为后期股价的大幅度拉升做准备。随后，庄家在收集到的坐庄控盘的目标仓位后，开始进入股价拉升阶段，而后股价走出一波的涨行情。

（二）K线走势特征

采用先下后上的建仓方式，在K线走势图中，股价会呈现一路阴跌的现象。在股价下跌过程中，经常会出现向下跳空的大阴线走势，或者是连续出现小阴线，很少有大阳线出现，K线图上主要是以阴阳交错的小阳线和小阴线收盘。

庄家会在股价下跌到一定程度之后开始逐渐建仓。所以，股价在K线图上呈现下跌速度逐渐减缓的迹象。收盘时的阴阳K线，实体也在逐渐缩小，常常是收出带上、下影线的K线图，如图5-7所示。

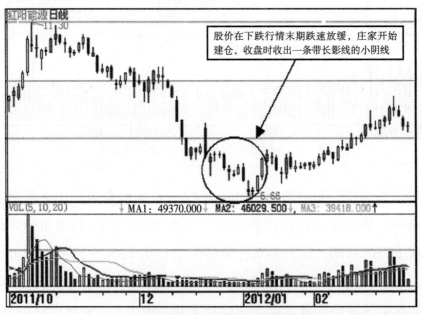

图5-7 红阳能源（600758）日K线图

但也会有些庄家会在股价下跌到接近尾声的时候反手做空，采用对倒的方式对股价进行大幅度的打压，从而使股价呈现出加速下跌的形态，最终收出一根实体较多的阴线，我们把这种现象称之为"最后一跌"，如图5-8所示。

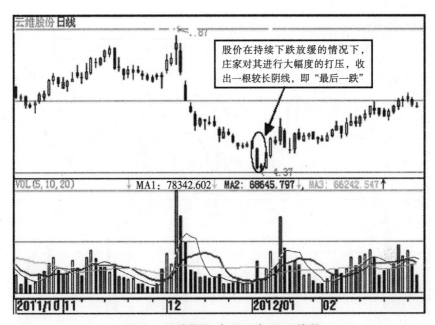

股价在持续下跌放缓的情况下，庄家对其进行大幅度的打压，收出一根较长阴线，即"最后一跌"

图 5-8 云维股份（600725）日 K 线图

　　庄家这样做的目的，是为了把那些持股信心坚定的投资者的筹码恐吓出来，因为此时庄家已经很难再收集到大量便宜的筹码了。

　　当股价下跌见底后，K 线图会出现一些止跌信号。这些止跌信号包括带长下影线的下探 K 线形态、向下跳空的十字星形态以及启明星形态等。因为庄家还没有收集到建仓所需要的筹码，所以在股价的回升过程中，庄家不会急于把股价拉升，而是在股价缓慢上涨的过程中继续收集筹码。因为过快地把股价拉高会提高庄家的建仓成本。因此，这时的 K 线图会呈现出以小阳线为主的阴阳交错的 K 线形态，有时也会连续出现带上、下影线的小阳线的走势形态，如图 5-9 所示。

　　从成交量特征方面来看，当股价经过一波下跌行情后，盘中的短线筹码基本上已经抛售得差不多了，庄家会选择这个时候进场建仓。在股价下跌的过程中，庄家会用少量的资金逐渐收集筹码。因此，在这个下跌的阶段，盘面会呈现缩量下跌的走势。

　　当股价见底回升后，成交量就会呈现温和放量的现象。因为在股

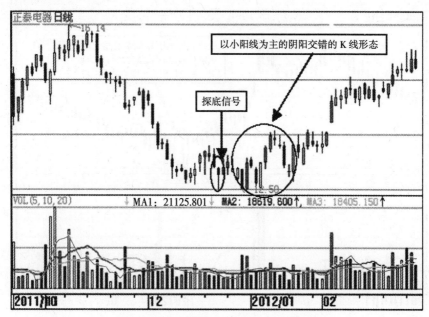

图5-9 正泰电器（601877）日K线图

价见底回升的过程中，庄家会继续收集筹码，所以成交量会呈现逐步放量的形态。当收集筹码接近尾声时，有的庄家为了能够快速完成建仓，就会突然大量地收集筹码，因而在盘面上就会出现某一天放出巨大成交量的现象。

第三节　庄家洗盘技术

庄家洗盘的手段都是比较凶狠的，最典型的是制造出疲弱的盘面假象，以达到庄家既要让持股信心不足的散户出局，还要让看好后市的人持股或买入的目的，从而使散户的平均持股成本得到提高。庄家凶狠地打压股价会让散户产生"无力回天"的错觉，迫使散户在惊恐中抛出手中所持有的筹码。但是庄家洗盘时，在关键的技术位，庄家

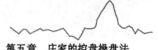

往往会出面护盘。下面我们将对庄家在洗盘过程中经常采用的几种洗盘方式进行一一介绍。

一、打压式洗盘

（一）洗盘方式

打压式洗盘是指庄家在把股价大幅拉高后，利用市场积累的较多获利盘的获利回吐欲望，猛烈反手打压，从而使股价大幅回落，把胆小者吓出场。

由于散户对个股的运行方向的不确定性，使得作为控盘主力的庄家对其进行控盘打压股价，以此来促使和引发股价的快速下跌，充分制造市场背景转换形成的空头氛围，加重散户投资者和小资金持有者的悲观情绪，因而强化其持有筹码的不稳定性。同时，也激发一部分持股者在实际操作过程中的卖出冲动。在这种洗盘方式中，庄家采用的是心理诱导战术，通过控盘快速打压股价，促使市场筹码快速换手，以达到洗盘的目的。

一般采取这种方式洗盘的庄家实力雄厚，有力量控盘，否则，若无较多筹码打压，就会在散户因慌乱抛售到下档并且又无资金接盘，这样反而会使局势变得更加不可收拾。打压式洗盘的特点是打压股价的速度快，跌幅大，手法凶狠，既能节省洗盘的时间，同时也可以达到洗盘的效果。

图 5-10 为中国太保（601601）日 K 线走势图。从图 5-10 中可以看出庄家采用的是打压式洗盘。该股从 2011 年 11 月 4 日开始进入洗盘阶段，在此期间，庄家对股价进行不断打压，使得股价急速回落从而彻底消磨了短线投资者的持股信心，最终不得不在这种恐慌的气氛下卖出自己手中的筹码，成交量不断放大，庄家也达到了将这些获利

筹码清理出局的目的。这显示出庄家的凶悍残忍之处。该股在经历较长一段时间的打压洗盘后，于 2011 年 12 月 15 日结束洗盘过程，股价开始拉高，后市不断上涨。

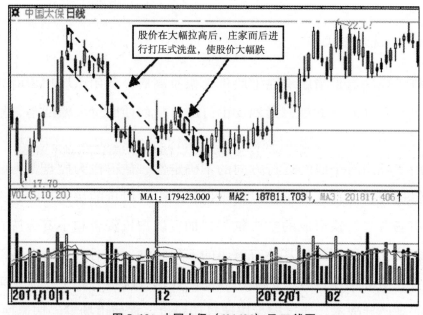

图 5-10　中国太保（601601）日 K 线图

（二）K 线走势特征

一般在进行打压式洗盘之前，庄家会先进行过拉高试盘。在试盘过程中，庄家发现盘中的短线浮动筹码比较多，拉升股价比较沉重，因而采用这种打压式的洗盘方法。在洗盘过程中，由于庄家以打压股价为主，所以在日 K 线图上就会看到连续收出阴线的走势形态。

图 5-11 为豫园商城（600655）日 K 线走势图。从图 5-11 中可以看出，庄家在对股价进行拉高后，开始对股价进行打压。如图 5-11 所示，连续收出的阴线表明，该股股价在洗盘阶段出现回落。隔日收出的大阳线使股价得以回升，行情不断上涨。

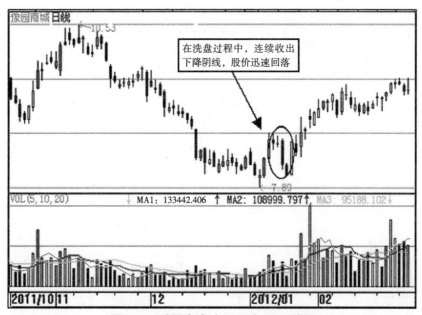

在洗盘过程中，连续收出下降阴线，股价迅速回落

图 5-11 豫园商城（600655）日 K 线图

有的庄家在大幅度打压股价之后，会再把股价快速地拉起来，这样就会在日 K 线走势图上收出一根带长下影线的阳线或者阴线，有时也会收出十字星形态。个别庄家会在股价上涨的过程中采用这种打压的方式进行洗盘，这样就会在 K 线走势图上出现大阴线或者是连续小阴线的走势形态，如图 5-12 所示。

从成交量特征方面来看，庄家会不断地使用对倒的手法来对股价进行快速的打压。在庄家对倒的过程中，会有大手笔的成交量产生。同时，由于股价快速下跌，也会引发盘中的恐慌性抛盘，因此在这个阶段成交量会呈现放大的现象。

而后当股价快速下跌之后，成交量就会逐渐缩小。因为庄家不会持续对倒打压股价，此时盘中恐慌性的抛售筹码数量也会减少，所以，此时成交量会逐渐缩小。当庄家把股价大幅打压后，在快速拉起的过程中，由于庄家采用对倒手法和一些场外资金的进场，成交量会呈现放大的现象，如图 5-13 所示。

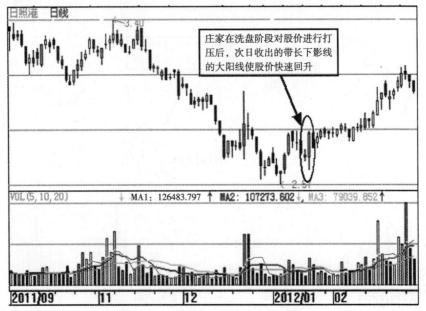

图 5-12　日照港（600017）日 K 线图

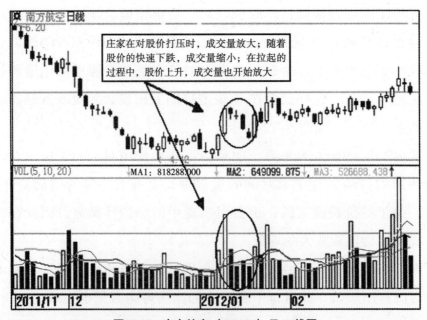

图 5-13　南方航空（600029）日 K 线图

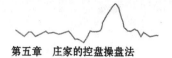

二、平台式洗盘

平台式洗盘也可称作横盘整理式洗盘，是所有洗盘方式中最耗时的一种。这种洗盘方式主要是通过长期的盘整走势来打击和消磨部分投资者的投资热情，从而使大部分投资者的信心和毅力受到打击而选择换股操作，庄家的目的也就达到了。

（一）洗盘方式

在横盘整理洗盘的阶段内，庄家的活动极少，成交量也相对较少。因为在横盘整理过程中，庄家一般会让普通投资者将所持筹码在平台内进行充分自由换手，只有在大势向好或股价下滑的情况下，庄家才会适时地控制股价上涨和下跌。成交量的锐减也说明了场内的浮动筹码经过充分换手后逐渐趋于稳定。随着新增资本的陆续进场，成交量也逐步呈现放大的状态，股价开始缓慢回升。当成交量开始放大时，预示着股价即将突破整理平台，形成新一轮的升势。

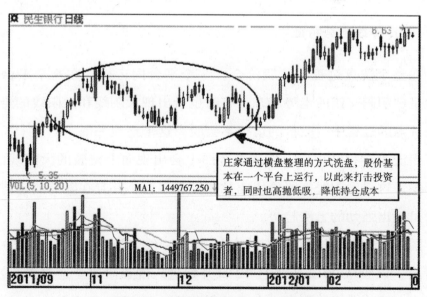

图 5-14　民生银行（600016）日 K 线图

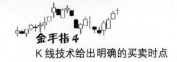
如图 5-14 所示的民生银行（600016），庄家通过横盘整理的方式对该股进行了洗盘。从图 5-14 中可以看出，从 2011 年 10 月 18 日起，庄家开始打压股价，制造要下跌的趋势。但是庄家担心场外资金抢走自己打压下来的廉价筹码，所以庄家采用了让股价震荡的形式来控制盘面，使得股价整体上维持在一个平台上运行。股价在此阶段呈现上下两难的局势，成交量也时大时小，而且持续时间相当长，使得持股人的信心不断被消磨。股价在平台上反复震荡，直到 2011 年 12 月 28 日，庄家才结束洗盘，开始拉升股价。在此过程中，庄家通过长期横盘的方式来清理盘中的浮动筹码，并且庄家自己也在股价震荡的过程中用一小部分筹码来高抛低吸赚取差价，以此来降低总体的持仓成本。

一般情况下，采用横盘整理方式洗盘的庄家的实力较弱。在横盘洗盘的过程中，庄家利用股价在一定幅度内的不断震荡高抛低吸赚取差价，以此来降低持仓成本。相反，如果实力较强的庄家多不会采用这种洗盘方式，他们会把股价震幅控制在很窄的区间范围内，股价走势相当沉闷。

（二）K 线走势特征

在整个洗盘过程中，股价会在一个平台内运行，在这个平台上，股价呈现阴阳交错的走势形态，有时也会出现大阴线和大阳线的走势。但在洗盘的过程中，股价的运行不会脱离这个整理平台。

当洗盘过程结束后，K 线走势图上会出现向上突破的大阳线的走势形态，这根大阳线把股价快速拉离洗盘平台，并且在随后的走势中，股价呈现出强劲的上涨趋势。

图 5-15 为象屿股份（600057）的日 K 线走势图。从图 5-15 中可以看出，该股从 2012 年 1 月 12 日开始进入洗盘阶段。通过横盘洗盘的方式，股价在经过将近一个月的震荡后，于 2012 年 2 月 9 日结束洗

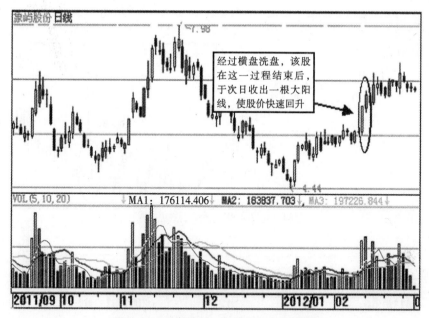

经过横盘洗盘，该股在这一过程结束后，于次日收出一根大阳线，使股价快速回升

图 5-15　象屿股份（600057）日 K 线图

盘过程。在此阶段，股价上下浮动，成交量也时大时小，但次日收出向上突破的大阳线使股价快速回升拉离洗盘平台，随后趋势不断上涨。

从 K 线走势图中看，庄家在洗盘结束后，会突然收出一根大阴线，让股价跌破这个洗盘平台，以通过这一快速打压股价的动作，把盘中仍持有筹码的散户清理出局。而后股价会被快速拉起来，或者逐步地上涨回升，重新回到整理平台上来，如图 5-16 所示。

从成交量特征方面来看，在横盘整理的过程中，成交量呈现递减的趋势。但当股价上升到敏感价位出现浮动筹码涌动或市场背景有所转换的时候，庄家会适时抛出一部分筹码，打压股价的升势，用一部分资金顶住获利抛盘，强制股价形成一个平台整理的格局，这时成交量会有所放出。一旦平台整理格局形成，成交量会迅速下降，如图 5-17 所示。

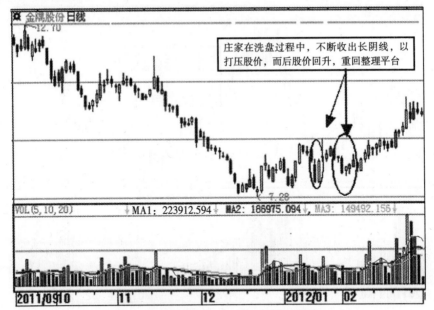

庄家在洗盘过程中，不断收出长阴线，以打压股价，而后股价回升，重回整理平台

图 5-16　金隅股份（601992）日 K 线图

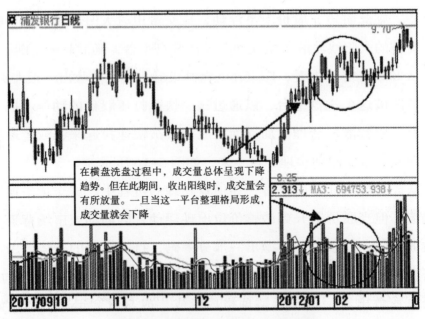

在横盘洗盘过程中，成交量总体呈现下降趋势。但在此期间，收出阳线时，成交量会有所放量。一旦当这一平台整理格局形成，成交量就会下降

图 5-17　浦发银行（600000）日 K 线图

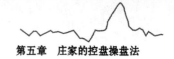

第四节 庄家拉抬技术

庄家在洗盘过程阶段结束后，下一步就是拉抬股价。庄家通常都喜欢借助某些利好消息来拉抬股价，甚至编造出某些消息来说服市场，从而减低自己拉升行为的度。简单来说，庄家进行拉升基本要遵循两个原则：其一，上拉速度必须要快，某些时候整个升幅只有几根大阳线就可宣告完成，以便更好地吸引外场资金的注入。同时，又要使股价迅速脱离庄家成本区域。其二，庄家拉升股价是为了要让市场接受其价格的变化，从而能让一部分投资者在拉高后的价位上接走庄家的筹码，因此拉升要准备好理由。

下面我们就对几种庄家拉抬的方式进行一一介绍。

一、平地拉高式拉升

（一）拉升方式

平地拉高式拉升是庄家在洗盘结束后，采用连续拉出大阳线或是连续涨停板的方式，迅速把股价拉至高位的方式。这是一种非常节省资金、节省时间的方式。在 K 线图上形成"高楼平地起"的形态。

庄家采取这种方式拉升股价，需要很强的魄力和实力。当个股有重大题材即将公布或者有利好消息要发布时，庄家往往会迫不及待地借助这些消息，采取平地拉高的方式来拉升股价。并且只有对股票高度控盘后，庄家才会启动这种方式对股价进行拉升，而且拉升手法非常凶悍。

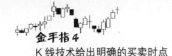

在K线走势图中，经常可以看到连续拉出的大阳线，有时也会形成多个向上突破的跳空缺口，并且这些向上跳空的缺口在短期内一般不会回补。平地拉高式拉升经常被庄家应用在流通盘适中的个股上，因为庄家这样比较容易控制筹码。另外，在投资者追涨意愿非常强烈的市场环境下，庄家经常会采用这种方式对那些具备投资价值的个股，或者是具备利好题材的个股的股价进行拉升。

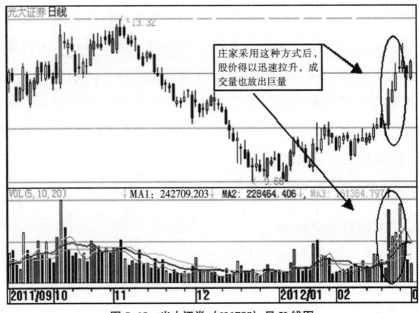

图5-18 光大证券（601788）日K线图

如图5-18所示的光大证券（601788），庄家就采用了平地拉高的拉升方式。庄家在拉升之前，就达到了高度控盘的程度，在底部收集了足够的筹码。从图5-18中可以看出，在庄家拉升之前，股价在一定的区间内小幅震荡，成交量也相对较少。因此会让场外的投资者失去持股的信心，纷纷卖出手中所持的筹码。但从2012年2月22日，庄家开始对该股进行拉升，股价迅速上涨，成交量也放出了巨量。可见是场外资金看到涨势迅速，不断进场追涨的结果。

（二）K线走势特征

平地拉高式拉升一般被用在那些经过充分洗盘之后、庄家完全控股的个股上。庄家在对个股绝对控盘后，盘中的浮动筹码就会比较少，庄家就会利用手中持有的筹码，对股价进行大幅度的拉抬。表现在K线走势图上，股价会呈现非常强劲的走势形态。在整个拉升阶段，很少会出现阴线实体。

庄家刚开始拉抬股价时，K线走势图经常出现放量的大阳线，并陡峭地向上运行。但手法凶狠的庄家，刚开始拉升时还会以涨停的形式拉抬股价，在K线走势图上呈现"一"字形态的走势。

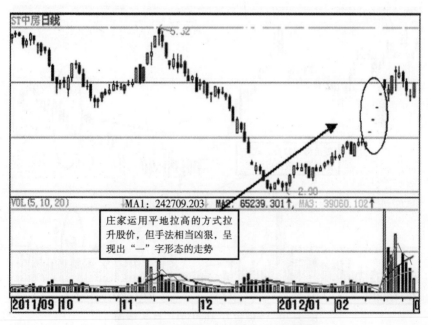

庄家运用平地拉高的方式拉升股价，但手法相当凶狠，呈现出"一"字形态的走势

图5-19 ST中房（600890）日K线图

从图5-19可以看出，庄家采用了平地拉高的拉升方式。庄家在开始拉升时就以涨停的形式拉抬股价，手法相当凶狠。因而股价急速得到拉升，呈现"一"字形态的走势。

总体来说，在拉升股价的过程中，大多数个股会出现连续向上跳空的走势，很少出现带长上影线的 K 线走势。而且在拉升过程中，股价几乎不会出现大幅回落。即便股价稍有回落，也能被快速拉起继续向上运行。

从成交量特征方面来看，庄家采用平地拉高的拉升方法，在拉升刚开始时，成交量放量会大增。在整个拉升过程中，成交量会随着股价的不断上涨而放大，呈现出价涨量增的状态。但有些个股在经历了长期的横盘之后，庄家达到了完全控盘的程度。在拉升时庄家只需要很少的成交量就能把股价拉高。这时股价虽然得到拉升，但成交量却没有放出巨量，如图 5-20 所示。

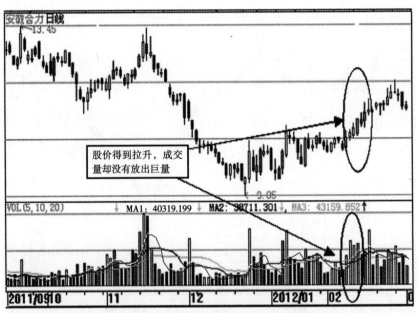

图 5-20　安徽合力（600761）日 K 线图

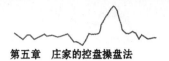

二、阶梯式拉升

（一）拉升方式

阶梯式拉升是指庄家在把股价拉升到一定高度后，便横盘整理一段时间，而后再把股价拉高一段空间，同样又停下来进行横盘整理，如此反复多次，从而不断地把股价推高。这种拉升方式，相对于平地拉高式拉升，比较平稳和缓，并能够起到边拉升边清理短线获利筹码的效果。

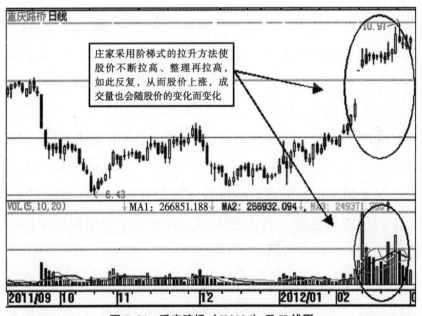

图 5-21　重庆路桥（600106）日 K 线图

如图 5-21 所示的重庆路桥（600106），庄家采用的就是阶梯式拉升。从图 5-21 可以看出，该股在拉升阶段，股价不断地被拉升，其后进行横盘整理，而后再拉升到一定的价位区间，如此反复地使股价不断上升。而且成交量也会随着股价的变化而变化。即在拉升的过程中，

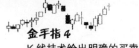
股价会逐步温和地放大；而当股价停顿休整时，成交量会有明显的缩小。

庄家采用的这种阶梯式的拉升方法，对一部分短线投资者来说，当他们看到股价在连续攀升的过程中，突然看到股价停滞不前，就会担心股价回落，持股信心也会动摇；而对于一些长期看好该股的投资者来说，会让他们进场，这会对庄家的后期拉升起到很好的帮助作用，也能节省庄家的拉升成本；对于小有获利的一部分投资者来说，他们会选择卖出手中的筹码，落袋为安。

（二）K线走势特征

庄家在采用阶梯方式拉高股价的过程中，会先把股价拉高一段距离，之后就不再去参与买卖，而是让盘中的散户们自由买卖和交换筹码，庄家只在关键的时刻出来干预股价的走势。在拉升阶段，不同的庄家采用的手法是不一样的。

（1）凶悍并且实力雄厚的庄家，在拉高股价的过程中，会采取快速拉高股价的方式以节省拉升的时间。此时，在K线走势图中呈现出来，就会是大幅拉升的形态。股价在上涨的过程中主要以大阳线收盘，而且经常会出现向上跳空的走势形态，有时甚至会出现以涨停的形式拉高。

如图5-22所示的青山纸业（600103），庄家采用的便是阶梯式拉升股价的方法。从图5-22中可以看出，该股在拉升阶段呈现阶梯式上涨。但在股价拉升的过程中，因为庄家的实力雄厚，以及拉升手法的凶悍，该股接连收出两根大阳线，使得股价快速上升，成交量也开始出现放量。

（2）比较温和的庄家，在拉升阶段会让股价呈现出缓慢上涨的形态。此时，K线走势图上就会呈现小阳线或者阴阳交错的形态向上攀

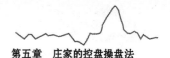

升，也会收出一些带上、下影线的阴线或阳线实体，如图 5-23 所示。

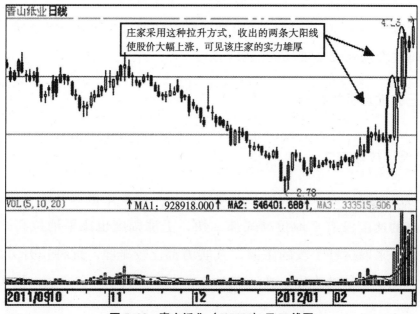

图 5-22 青山纸业（600103）日 K 线图

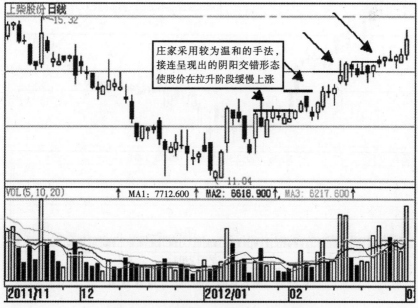

图 5-23 上柴股份（600841）日 K 线图

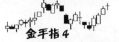

从成交量特征方面来看，在阶梯式拉升过程中，成交量会在股价拉高时放量，在股价停顿休整时缩量。即在拉高的过程中，成交量会呈现价涨量增的状态。成交量出现放量是庄家在拉高股价的过程中吃进筹码或者场外资金进场的结果。

三、推土机式拉升

（一）拉升方式

与前面的平地拉高的拉升方式相比，采用推土机拉升的方式，股价上涨的速度没有平地拉高式那么快，上涨幅度也比平地拉高式低。一般选择采取这种手段的庄家，其实力都比较雄厚。这种拉升方式在日K线图上会呈现直线上升的形态。

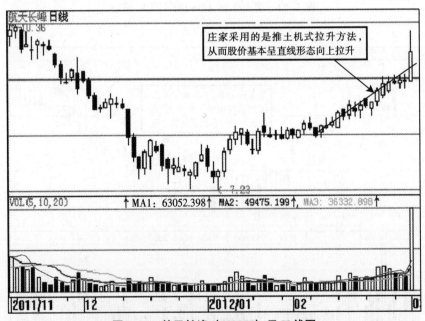

图 5-24 航天长峰（600855）日 K 线图

如图 5-24 所示的航天长峰（600855），庄家采用的是推土机式的

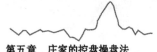

拉升方法。从图 5-24 可以看出来，该股股价在拉升阶段基本呈直线形态向上攀升，这表明庄家是一气呵成地完成了拉升动作，中间洗盘动作不明显。因此，庄家拉升的思路比较明确，股价走势轨迹明显，股价走出了单边上扬的独立上升态势。

（二）K 线走势特征

当庄家采用这种推土机式的拉升方法时，股价在刚启动的时候，主要是以小阳线的形式逐步向上拓展空间。股价会先小幅度上涨，之后会快速把股价拉高，随后又放缓上涨的速度，庄家就是反复不断地使用这样的手法，一步一步把股价拉上去。在这个过程中，盘中的股价会出现回落，但持续时间不会太长，而且幅度不会太大，然后股价会接着进入下一阶段的拉升，如图 5-25 所示。

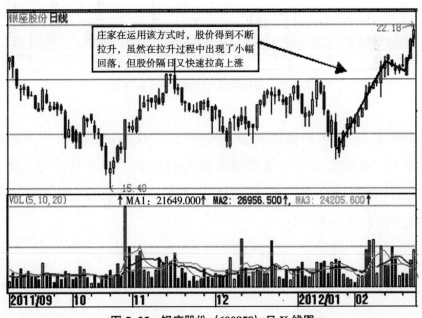

图 5-25　银座股份（600858）日 K 线图

从成交量特征方面来看，采用推土机的方式拉升股价，在股价刚

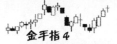

脱离底部开始上涨的时候，成交量不会放出巨量，而是呈现温和放量的走势。随着股价的不断上涨，成交量会不断放大。在这个过程中，量价配合比较合理，基本上是随着上涨幅度的不断加大，成交量也会出现不断增加的状态。

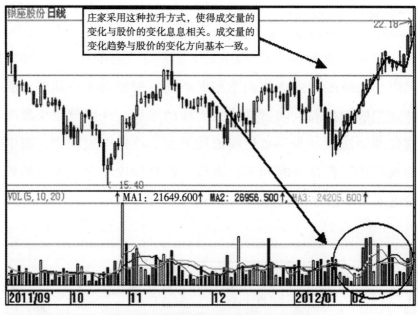

图5-26　银座股份（600858）日K线图

如图5-26所示的银座股份（600858），庄家采用这种推土机式的拉升方法，股价的变化对成交量有很大的影响。随着股价的上涨，成交量也会不断放大。因而，从整体上来说，成交量的变化趋势与股价的变化方向基本一致。

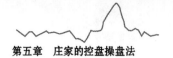

第五节　庄家出货技术

一、捕捉庄家出货信号

庄家在进行了前面建仓、洗盘、拉升阶段后，最终的目的是为了能够顺利出货。这对庄家来说是非常关键的环节。一般情况下，当庄家在拉升目标已经达到或者是市场出现了突发性危机的时候会选择出货。因此对投资者来说，捕捉到庄家的出货信号显得尤为重要。下面我们就来简单介绍几种庄家的出货信号，以供参考。

（一）放量不涨

放量不涨是指卖的资金量和买的资金量同步增加，因此导致股价的浮动仍然有限。放量不涨现象的出现一般有两种可能：一种是庄家吸筹，在本价位买到足够的筹码，然后启动拉升；另一种是庄家出货，把股价稳住卖出。在此，我们主要讨论后者。在庄家出货阶段，如果股价上涨了一段时间后，在某天出现放量不涨的现象，就基本可以确认是庄家在出货。

图 5-27 为中国重工（601989）的日 K 线走势图。从图 5-27 可以看出，该股在 2012 年 2 月 22 日的成交量是 27 万股，随后是 47 万股、69 万股，在 2012 年 2 月 27 日突然成交 83 万股，但股价的浮动很小，这是放量不涨的例子，因而可以确认主力出货。而后成交量开始减少，股价开始回落。

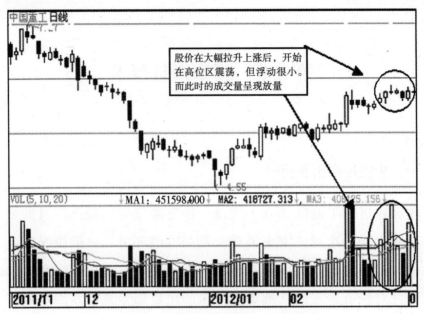

图 5-27　中国重工（601989）日 K 线图

（二）消息增多

这个"消息"，不仅代表小道消息，还有一些正道消息，如报刊上、电视台、广播电台的消息增多，则表明庄家准备出货。在上涨过程中，一般情况下报刊等不会刊登大量的消息，但如果正道的宣传力度开始增强，则说明庄家萌生了退意，开始准备出货。

（三）该涨不涨

从基本面、技术面来分析庄家的出货信号，主要表现在：当这些方面表明股价该上涨的时候，尤其是在报刊媒体等公布了大量的看涨信息，基本面要求上涨时，股价却迟迟未动，就表明这是庄家要出货的征兆。

如图 5-28 所示的广州控股（600098）在 2012 年 2 月 9 日开始收出阳线，使股价经过缓慢拉升后升至高位区，同时成交量也在不断放量，从理论上来说，第二天股价应该继续上升或者有所突破，但结果正好相反，连续收出的阴线使股价不涨反跌，从高位回落，成交量减少。这是明显的出货征兆。后市股价虽然有较大幅度的震荡，但股价始终没能突破前高位处。这种形态上要求上涨而结果却始终不涨的现象就是出货信号。

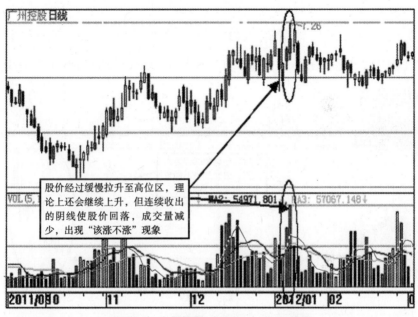

图 5-28　广州控股（600098）日 K 线图

二、庄家出货方式

从前面几节内容的介绍中，我们可以了解到，在整个坐庄的过程中，建仓、洗盘、拉高等阶段，庄家基本上都可以说了算，但唯有出货阶段是庄家所不能控制的，因为庄家没有权利要求投资者必须买入他的股票，这就增加了庄家出货的难度。而在一般情况下，庄家会在大盘向上、市场人气旺盛的时候选择出货。

庄家出货的方式主要有以下几种：

(一) 拉高出货

庄家往往在大盘刚刚止跌不久，人气高涨，群情激昂，买气最盛时就开始有计划地拉高出货。出货时，庄家首先是利用个股利好的传闻来刺激、引诱买家，再在上档每隔几个价位放上几笔大的卖单，来吸引大量买家，之后趁人气鼎盛时，先迅速地小批量买进，以此来刺激多头人气和买气，诱导跟风盘去抢上档的买单。之后在股价急速上涨的过程中，庄家在不被注意到的情况下就将筹码转换到了中小投资者手中。

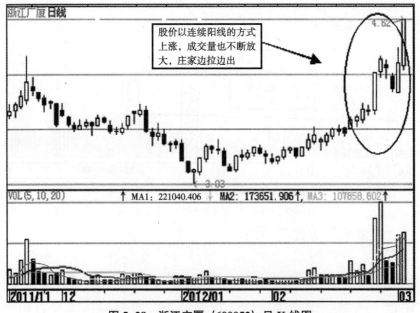

图 5-29　浙江广厦 (600052) 日 K 线图

图 5-29 为浙江广厦 (600052) 的日 K 线图。从图 5-29 可以看出，该股股价在以连续阳线的方式不断上涨，同时成交量也不断放大，可见散户的追涨情绪高涨。此时庄家很可能边拉边出，采取多卖少买的方式，当股价上涨到最后的高位时将股票卖出。因此，资金量较大

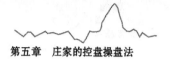

的跟风盘应考虑退出。

（二）震荡出货

震荡出货方式所震时间持久，这种方式一般比较频繁地用于大盘股或重要指标股的出货操作。庄家首先会将股价拉抬到一定位置，届时如果人气旺盛的话就会开始借机出货。这一举动将导致盘中卖压升高，造成股价下跌。庄家为了保证出货价格，维持人气，就会制造快速有力的拉抬来护盘，不断恢复散户的持股信心。这样在出货和护盘动作的反复替换中就形成了震荡走势。

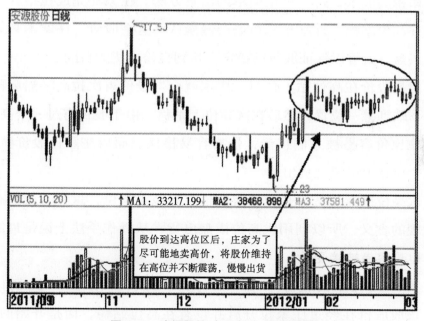

图 5-30 安源股份（600397）日 K 线图

图 5-30 为安源股份（600397）的日 K 线图。从图 5-30 可以看出，庄家为了出货并能够维持高价，因此当股价到达出货目标区域后，仍将股价维持在高位，并且做出再次洗盘的架势，使股价不断震荡，慢慢出货。这是利用跟风盘对震荡行情最后走势的不确定性，以及对

股价再上涨的幻想，采取诱多的方式吸引短线投机者参与，从而不断抛出筹码。

（三）次高位横盘出货

这种出货方式，一般比较适合业绩优良的大盘股，因为它们往往给投资者形成一种安全、稳定的错觉。但是投资者不知道股价在经过较长时间的上涨后，被人为拉高的股价早已消化了个股基本面上的一切优势。

横盘出货基本不需要什么操盘技巧，适应于有业绩支撑，可以在高位站稳的股票，是一种最简单的出货方法。庄家在完成拉抬后，股价会在高位站稳。逐渐地，市场会慢慢认可这个股价。庄家不必刻意制造买盘，就可以保证股价的稳定，达到轻松出货的目的。

但是股价在高位站不住时，庄家就会把股价再次拉高，然后再让股价下跌到某一位置，然后在次高位上站稳。由于股价有过一个高点，次高位比价容易被人们接受，价格容易稳住。而后庄家让股价横盘，在这个位置上慢慢把货出掉。

次高位横盘出货，是重新将股价在高位上定位，这种方式带有价值发现的含义，所以利用次高位横盘出货，从操作手法上说是最简单的，也是容易被接受的。

图 5-31 为中茵股份（600745）的日 K 线图。从图 5-31 可以看出，该股股价在经过庄家拉升后并没有在高位站稳，而是开始回落。此时，庄家为了将货卖个好价钱以便获取更大的利润，会让股价下跌到某一位置后，在次高位上站稳，这更容易让人们接受，而后股价在次高位上横盘，庄家就会在这个位置上进行出货。

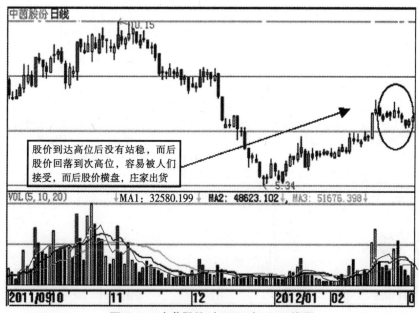

股价到达高位后没有站稳，而后股价回落到次高位，容易被人们接受，而后股价横盘，庄家出货

图5-31 中茵股份（600745）日K线图

（四）杀跌出货

杀跌出货是庄家在把股价拉到目标价位后，为了快速出脱手中的筹码而对股价进行打压的一种出货方式。这种方式非常凶狠，杀伤力很大，表现在K线图上，就是典型的阴包阳走势。

图5-32为济南钢铁（600022）的日K线图。从图5-32可以看出，该股股价经过拉升于2011年11月10日呈现在最高点，但随后于次日收出的大阴线把前日的阳线完全包容，将前一天的所有买盘全部套牢。庄家就是利用散户贪便宜抢反弹的心理，当股价到达目标价位后，庄家采取杀跌出货的方式，将手中的筹码快速出脱。

（五）在进入目标位后直接向下出货

此类庄家在派发时，由于其持筹的成本十分低，当该股被拉升至目标价位后，庄家便会大量抛售。

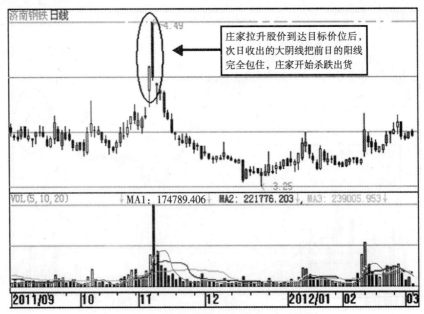

庄家拉升股价到达目标价位后，次日收出的大阴线把前日的阳线完全包住，庄家开始杀跌出货

图 5-32　济南钢铁（600022）日 K 线图

（六）打压出货

　　打压出货的方法，在小盘绩差类个股上运用得较为频繁。这类个股在炒作过程中，绝大多数参与者都抱有投机心态，都在等待股价继续上涨。庄家正是利用了投资者贪得无厌的心理，在拉升股价的过程中，突击性地采取打压的形式，大胆抛售筹码，而且能够达到快人一步的效果，不至于自拉自唱甚至被散户套牢。

　　采用这种出货方式，当人气低迷时，庄家不再被动地等待下方出现买单，而是在盘中制造快速下跌后以反弹来诱使抄底盘介入。这种出货的方式极为凶狠，庄家经常利用大盘或个股人气极为旺盛的时候，采用突然袭击的手法反手做空，使投资者措手不及。但这也是一种竭泽而渔的办法，庄家一般很少采用这种方式。

　　图 5-33 为中国南车（601766）的日 K 线图。从图 5-33 可以看出，该股股价经过庄家拉升后于 2011 年 11 月 2 日出现在最高点，但

从次日起连续收出的阴线使股价不断回落，成交量呈现放量。庄家制造快速下跌以反弹来诱使抄底盘介入，虽然股价不在高位区卖出，但是庄家仍获利不少。

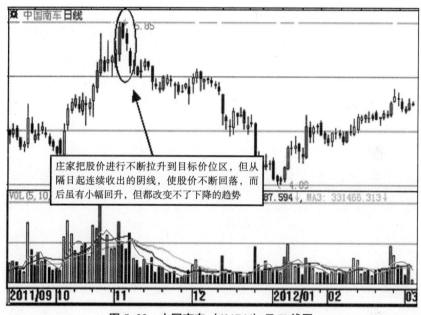

庄家把股价进行不断拉升到目标价位区，但从隔日起连续收出的阴线，使股价不断回落，而后虽有小幅回升，但都改变不了下降的趋势

图 5-33　中国南车（601766）日 K 线图

（七）除权后大量出货

在庄股出货方式中，这种方式运用较为广泛并且能够快速地见到成效。庄家常在手中的股票除权后用少量的资金将该股进行拉升，给市场投资者一种短线能够填权的印象，然后顺利达到派发的目的。

第六章　解读量价配合

第一节　成交量的形成

解读量价关系，除了股价以外，我们也要对成交量有相关的了解。下面我们就对成交量的含义及形式进行分析，以便帮助读者更好地解读量价关系。

一、成交量的含义

成交量是指在单位时间之内，某项交易的成交数量。它是一种供需表现，一般包括成交金额、成交股数等。根据成交量的大小，一方面可以了解市场规模的大小，另一方面也可预测、分析参与资金的实力和潜力。因此，成交量就成为了判断股票走势的重要依据，也为分析庄家的行为提供了重要消息。

二、成交量的形式

成交量一般分为成交股数和成交金额两种形式，下面我们来进行一一分析。

（一）成交股数

成交股数是指买卖股票的数量，即在某一特定时间内，所交易的股票在证券交易所内成交的股数。

成交股数是行情分析软件上最常用的个股成交量数据，也是基本的成交指标。它以手为统计单位，股为基本计算单位，1 手等于 100 股。成交股数利于统计个股换手率和股东持股状况等，因为它如实地反映了当前成交股票的数量。当然，成交股数也有一定的不足之处，它不能像换手率那样，可以横向对比所有股票的成交活跃程度，从而对比哪只股票更具有投机价值。

（二）成交金额

成交金额是指买卖股票的金额，即某一特定时间内，所交易的股票在证券交易所内成交的金额。它是由成交时的价格乘以它即时成交的股数加总而成。成交金额的基本计算单位为元，在行情分析软件上通常以万元为统计单位。

成交金额相对于成交股数来说，其更具有意义。因为成交金额显示了市场上主流资金的流向和投入市场的总体资金状况。成交金额是以资金的形式来直接体现出市场参与的热度情况，能够使交易者对今日主流资金的流向直观感受出来。

如图 6-1 所示，为长春一东（600148）的 K 线图。从图 6-1 可以看出，柱状线表示的是成交股数。当日成交金额和成交股数通过十字光标可以看到。

图 6-1 长春一东（600148）K 线图

第二节 地量地价

　　"地量"是指股票在一直下跌行情中所创下来的最少成交量；"地价"是指股票价格在一直下跌行情中所创下来的最低价位。"地价地量"是指在个股股价出现阶段性新低，并且成交量非常少的情况下出现的现象。地量地价是股票以地价成交并且买卖很不活跃的状态。该现象经常出现在下跌的末期，因此是股票见底的一个重要标志。

　　通常情况下，庄家此时会不断缩量，慢慢吸货，直至散户及短线跟风者不断丧失信心，手中没有多少筹码为止。这时跌势才有可能停止，地量地价才可能出现，最终成交量呈现非常低迷的状态。一旦地量出现，就应当引起投资者的注意，下一步就可能出现量增价平的建

仓迹象了。

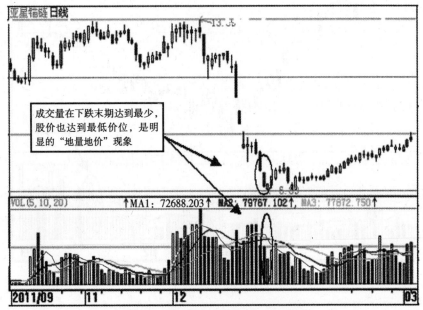

成交量在下跌末期达到最少，股价也达到最低价位，是明显的"地量地价"现象

图 6-2　亚星锚链（601890）K 线图

　　图 6-2 为亚星锚链（601890）的 K 线走势图。从图 6-2 中可以看出，该股在经过长达一个月的下跌行情后，成交量不断缩量，最终在 2012 年 1 月 5 日，成交量创下最低水平。而后股价也创出了最低价位，因而出现了典型的地量地价现象。地量地价现象的出现表明，下跌趋势已经跌无可跌了，这是市场行为的真实表现，应当引起交易者的注意。

第三节　量增价平

　　"量增价平"是指个股在成交量增加的情况下，个股股价却没有多

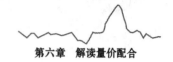

大的变化，基本维持在一定价位水平上下波动的一种量价配合现象。

量增价平现象可能出现在下跌行情的各个阶段，也可能出现在上涨行情的各个阶段。如果在上涨行情中，股价经过较长一段时间的上升处在相对高位区时，此时出现量增价平的现象，则表明股价在高位放量滞涨，是庄家出货的信号。此时投资者不应贸然行事，持有股票的交易者应考虑减仓或平仓，而没有股票的交易者应持币观望。

如果在下跌行情中，股价经过较长一段时间的下跌处在相对低位区时，此时出现量增价平的现象，则表明股价在低位放量滞涨，此处多为买入信号。但这也不一定意味着跌势的停止，有时庄家为了建仓会对股价进行反手打压，以使更低的筹码出现。因此，小投资者不宜此时进场，而大投资者可以建仓。

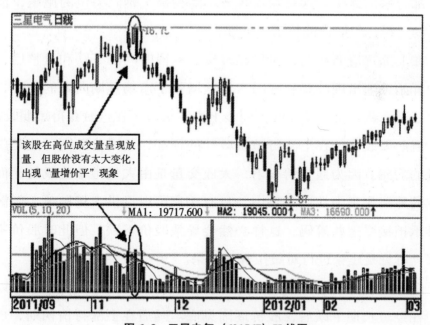

图 6-3 三星电气（601567）K 线图

图 6-3 为三星电气（601567）的 K 线走势图。从图 6-3 可以看出，该股处在长期上涨行情的末期。在股价到达相对高位区时，成交

量开始放量，但股价没有太大变化，基本保持在同一水平上，这是明显的量增价平现象。这表明股价见顶，是卖出信号。此时庄家开始出货，投资者应谨慎。

第四节　量增价涨

"量增价涨"是指个股在成交量增加的情况下，个股股价也呈现同步上涨的一种量价配合现象。

通常情况下，量增价涨出现在上涨行情的初期，有一小部分出现在上涨行情的途中。这意味着多方不断突破关键阻力位的抛压，消耗空头的力量，使股价能够不断上涨。

在上涨行情的初期，股价经过较长一段时间的下跌和盘整后，市场中开始逐渐出现一些利好因素，这增强了市场预期向好的心理，换手也逐渐活跃。成交量和股价同步上涨，买股可在这时获得短期收益。

但如果股价处在上涨行情阶段性的顶部，量增价涨则可能是庄家出货的前兆。因为通常情况下，大成交量是由大量抛单造成的，而且高位的筹码多集中在庄家手中，只有庄家可以提供大量抛单，但散户很难承担接受这些筹码，这样必然会导致股价下跌。但此时股价不降反涨，可见是庄家进行对敲拉升的结果。

图 6-4 为中国中铁（601390）的 K 线走势图。从图 6-4 可以看出，在经过长期下跌后，股价逐渐见底。随后在上涨行情初期，成交量不断呈现放量，股价也同步上涨，出现了量增价涨的现象。此时，投资者可进场买股，以获得短期收益。

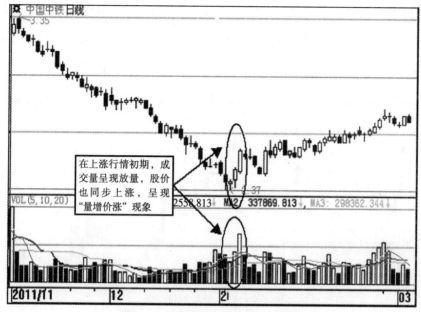

在上涨行情初期，成交量呈现放量，股价也同步上涨，呈现"量增价涨"现象

图6-4 中国中铁（601390）K线图

第五节 天量天价

"天量"是指股票在一直上涨行情中所创下来的最大成交量；"天价"是指股票在一直上涨行情中所创下的最高价位。"天量天价"是指个股在成交量巨大的情况下，该股股价也创下新高的现象。"天量天价"可以说与"地量地价"相对，同时它也是"量增价涨"的极端形式。

天量天价经常出现在上涨行情的末期。当股价处在高价位区间，成交量会因为庄家对敲行为或者市场极度疯狂行为而创出历史性新高，此时也会使股价创出历史性新高。但这往往是卖出信号，也是市场盛极而衰的前兆。随着所有看涨的人不断买入，市场也将逐渐失去继续爬高的力量，此时交易者应考虑减仓。

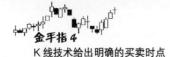
值得注意的是，即便出现"天量"，但不一定出现"天价"。因为量价配合过程有一定的滞后性，并且可能只是阶段性的一个小高潮，交易者应注意辨别。

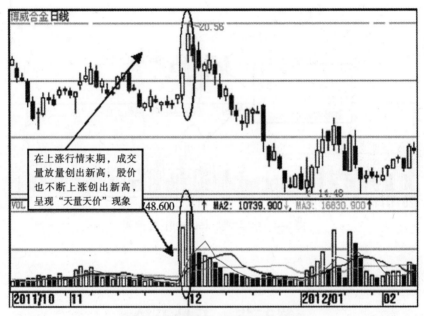

图 6-5　博威合金 （601137） K 线图

图 6-5 为博威合金 （601137） 的 K 线走势图。从图 6-5 可以看出，该股在上涨行情的末期，成交量开始放量并最终创出历史性新高，股价也同步上涨到高位区并上涨到最高点，达到历史最高价位。这往往是行情即将反转的前兆，交易者不宜等待股价继续攀升，因为市场已经失去继续爬高的力量，应考虑减仓。

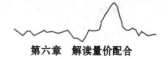

第六节　量增价跌

"量增价跌"是指个股在成交量增加的情况下，个股股价反而下跌的一种量价配合关系。

量增价跌这种情况通常在下跌行情的初期易见。因为股价在经过较长一段时间的上涨后市场上的获利筹码越来越多，庄家开始出货。但很多投资者对行情认识的不确定性，使他们继续积极介入，导致成交量的增大。但是庄家出货，必然会使股价下跌，因此就会出现量增价跌的现象。这往往是卖出的信号。交易者见此情况宜尽快平仓了结，如图 6-6 所示。

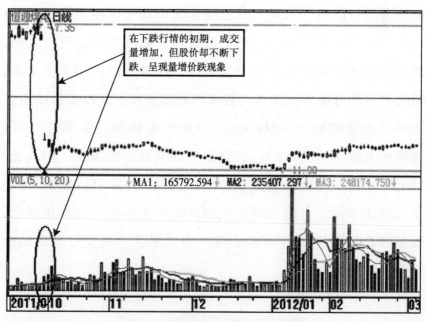

图 6-6　恒源煤电（600971）K 线图

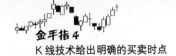

图 6-6 为恒源煤电（600971）的 K 线走势图。从图 6-6 可以看出，该股在下跌行情开始时，成交量开始呈现出放量，但股价与成交量的状态相反，不断下跌。这表明在此阶段，很多投资者没有掌握股价运行的趋势，而是见涨势向好，盲目买进，从而使成交量增加。庄家此时也开始出货，这必将导致股价的下跌，因而就会出现量增价跌的现象。

第七节　量缩价涨

"量缩价涨"是指个股股价上涨而个股的成交量却减少的情况下出现的一种量价配合现象。

量缩价涨经常出现在上涨行情的末期。当股价经过较长一段时间的上涨到高价位区时，市场几乎已经失去继续爬高的力量，此时庄家准备出货。但是由于庄家早已把个股进行了高度控盘，没有人愿意以那么高的价格来接货，因此成交量缩减。庄家的目的是为了出货，在这种情况下只能自弹自拉来维持股价的继续上涨，所以股价反而上涨。

图 6-7 为武钢股份（600005）的 K 线走势图。从图 6-7 可以看出，该股在上涨行情的末期，成交量呈现缩量不断减少，但是股价还在继续上涨，两者的运行趋势相背离。这表明庄家高度控盘，流动筹码基本已被庄家锁定。但是没有人愿意此时来接货，成交量减少。庄家只能自弹自拉维持股价继续上涨，为了出货，只要有交易的机会，庄家就会择机出货。

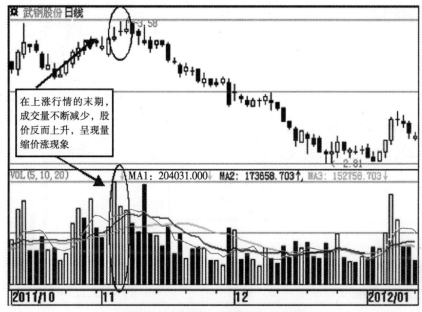

在上涨行情的末期，成交量不断减少，股价反而上升，呈现量缩价涨现象

图 6-7 武钢股份（600005）K 线图

第八节 无量空涨

"无量空涨"是"量缩价涨"的极端形式，是指个股在成交量极少的情况下，个股股价却出现较大涨幅的一种量价配合现象。

无量空涨普遍出现在强庄股或连续涨停的中小盘股中。因为在攻击具有利好因素的中小盘股时，由于中小盘股的流通股数较小，多空双方一致看多，庄家不需要投入过多的资金，就可以轻松地拉升股价；当庄家把个股前期的低价浮动筹码收集完毕，恰逢大盘开始启动，持股者也普遍惜售的情况下，庄家同样不需要投入过多的资金，就可以快速拉升股价。此时，投资者可跟进或进行买入操作。

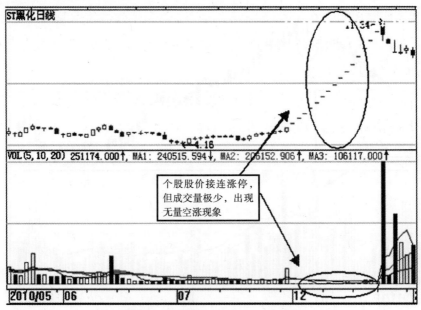

个股股价接连涨停，但成交量极少，出现无量空涨现象

图6-8 ST 黑化（600179） K 线图

图 6-8 为 ST 黑化（600179）的 K 线走势图。从图 6-8 可以看出，该股在经过一段时间的缓慢爬升后，股价开始急速拉升，连续多个交易日涨停开盘。但成交量却极少，与股价的上涨形成背离。这表明多空双方一致看多，持股投资者则普遍惜售，因而会出现股价快速上涨，而成交量极少的无量空涨现象。此时，投资者可以加码买入或及时跟进。

第九节　量缩价跌

"量缩价跌"是指个股在成交量减少的情况下，个股股价也同步下跌的一种量价配合现象。

量缩价跌频繁出现在下跌行情的中期或者阶段性的顶部。当股价

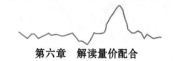

处于阶段性的顶部时，表明庄家高度控盘，开始出货，但很少有人接盘，因而导致成交量减少，股价也随之降低的现象出现。投资者见此情况出现，最好回避。

当股价处于下跌行情的途中时，量缩价跌是很自然的表现。这表明整体行情看跌，买家不愿进场交易，而卖家则急于寻找买单，因而就出现了这种情况。此时，投资者可进行观望等待。

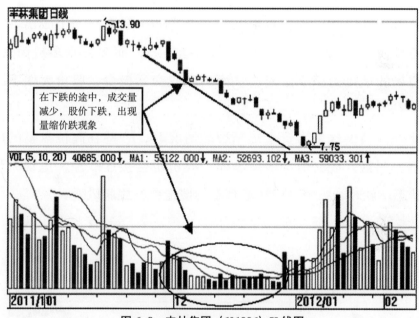

图6-9　丰林集团（601996）K线图

图6-9为丰林集团（601996）的K线走势图。从图6-9可以看出，该股在经过一段上升行情后，股价逐渐升至高位。而后行情开始反转，在下跌的过程中，成交量呈现减少状态，股价也不断下降，出现了量缩价跌的现象。这表明庄家在出货后不再回补，股价仍将继续下跌。此时投资者不宜进场，可在场外进行观望。

第十节　无量空跌

"无量空跌"是指在成交量很少的情况下，个股股价出现大幅下跌的一种量价配合现象，是"量缩价跌"的极端形式。

无量空跌经常出现在有重大利空消息的个股中。当个股出现重大的利空消息后，各路的资金往往会选择出逃，而多方则多持币观望，导致市场的承接力极度匮乏，从而出现成交量极少，股价大幅下跌的现象。

此外，当出现主力资金链断裂的情况时，一些在高位盘整的庄股就会马上崩盘，成交量会极度萎缩，股价也会接连跌停，呈现无量空跌的状态。此时，投资者应注意判断行情走势，规避风险。

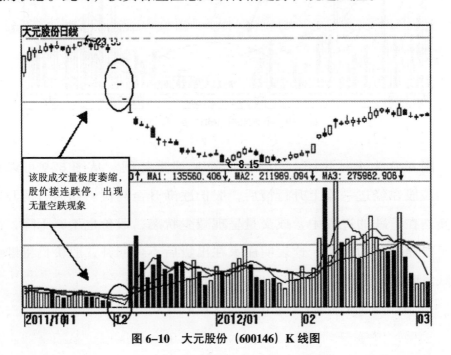

该股成交量极度萎缩，股价接连跌停，出现无量空跌现象

图6-10　大元股份（600146）K线图

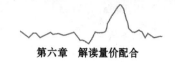

图 6-10 为大元股份（600146）的 K 线走势图。从图 6-10 可以看出，2011 年 12 月 6~8 日，该股股价接连跌停，成交量也极度萎缩，呈现无量空跌的状态。这表明在出现重大利空消息后，各路资金不计成本地出逃，多方持币观望，市场承接力极度匮乏。投资者见此形态出现，应注意规避风险，时刻关注股价走向。

第十一节　底部巨量

"底部巨量"是一种比较特殊的现象，指个股在一个相对较低的底部成交量突然呈现巨大放量的现象。此时，个股股价的走势不能确定，有可能上涨，也可能下跌。但在相对平和的底部区域，多空双方的意见却有巨大的分歧，从而导致该形态的出现。

底部巨量多出现在突然有重大利好消息，而股票跌势还没有完全消化的时候。因而，多空双方意见有了巨大的分歧，有人看跌后市，有人看多后市。当散户进场承接时，个股后期仍将继续下跌；当主力机构进场承接时，个股后期很可能会一路上涨。庄家也有可能对股价进行反手打压，而后股价继续下跌，直到同期浮动的筹码出局为止。

底部巨量现象出现的原因有很多种，除了上面提到的以外，还有可能是庄家放出的假信号，在股价半山腰做了一次反弹行情，也有可能是有新的股票开始上市流通。但不管是哪种的底部放量，都不值得交易者参与。

图 6-11 为中国南车（601766）的 K 线走势图。从图 6-11 可以看出，该股在经过一段时间的下跌后，在相对底部区域，成交量呈现出巨大放量，即呈现出底部巨量的状态。而后，该股股价继续下跌。此

时交易者不宜进行任何的交易。因为，从该股的后市走势来看，股价仍将有一段时间的下跌，直到最终见底为止。

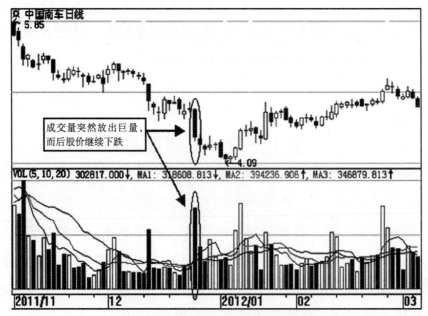

图 6-11　中国南车（601766）K 线图

第七章　经典案例

第一节　主力红包

主力红包是指股价在运行过程中，会突然出现几笔大手笔的卖单直接把股价打压下去，这种打压是大幅度的打压。具体表现在 K 线图上，是一根带长下影线的 K 线。这根 K 线可以是阴线，也可以是阳线。主力红包是一种比较常见的形态，也是较为容易获利的形态。

案例（一）：东风汽车（600006）

如图 7-1 所示，东风汽车（600006）在经过一段时间的下跌后，2010 年 7 月 2 日，股价运行到底部区域时出现了主力红包的形态。这说明多方力量开始增强，股价筑底过程即将结束，是看涨信号。随后，股价开始反弹。

当出现这种形态时，投资者可适时进场买入，或者等待观望，等股价止跌回升时买入。

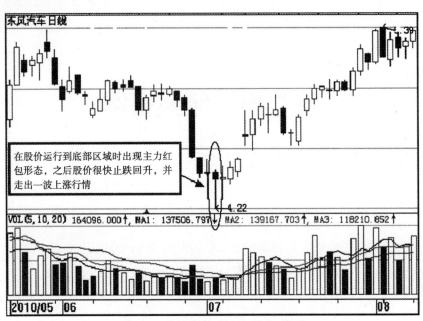

在股价运行到底部区域时出现主力红包形态，之后股价很快止跌回升，并走出一波上涨行情

图7-1 东风汽车（600006）K线图

案例（二）：民生银行（600016）

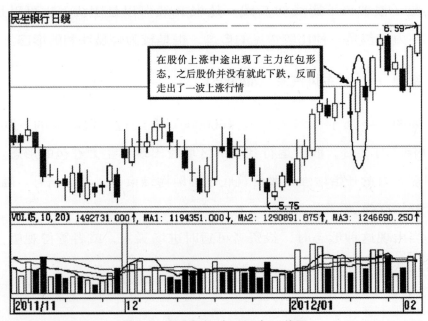

在股价上涨中途出现了主力红包形态，之后股价并没有就此下跌，反而走出了一波上涨行情

图7-2 民生银行（600016）K线图

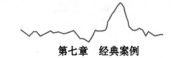

如图 7-2 所示，2012 年 1 月 17 日，民生银行（600016）股价在上升过程中突然出现了下挫的态势，但当天就很快被迅速拉起，从而形成了主力红包的形态。这表明庄家正在洗盘。

投资者见此形态出现，可以大胆买进。而反应敏捷的投资者可在股价被打压之后，当盘中出现大量主动性买单时，就可进场买入，不必等到这种形态形成之后再买进。

【买卖要点】

投资者见到主力红包形态出现后，需要注意以下三个方面：

（1）个股股价经过一段较长时间的下跌行情后，出现了主力红包的形态。在这之前股价已经经过了一段时期的横盘整理，在这个过程中，很少有主动性的卖盘涌出，此时出现该形态，表明后市股价将有一轮上涨行情，投资者可以大胆买入。

（2）个股股价在上涨的途中出现了主力红包的形态。而且，盘中涌出大量主动性买单，股价被迅速拉升，此时出现该形态，表明庄家正在洗盘，后市股价仍将继续上升行情。投资者可及时进行买入操作。

（3）出现这种形态之前，股价的上涨幅度不能过大，否则应当引起高度重视。因为股价在高位区域运行时出现该形态，往往是庄家为了达到出货的目的而故意制造的陷阱。

第二节　跑道陷阱

某只个股在刚脱离底部区域后，股价会缓慢地向上爬升，从而形成狭窄的上升通道。当该股上升到一定高度后，股价会在某一个交易日出现破位走势，经过一段时间之后，该股会在距离顶部不远的地方

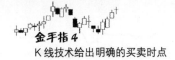

形成圆弧底形态。而后，该股股价重新回到前期的平台区域，进而开始正式向上攀升。从该股的日K线示意图来看，就像机场的跑道被挖了一个坑，所以我们把这种技术图形称为"跑道陷阱"。

案例（一）：华泰证券（601688）

图 7-3 华泰证券（601688）K 线图

如图 7-3 所示，2012 年 1 月 31 日，华泰证券（601688）从阶段性底部开始缓慢上升，但随后不久，该股改变了原有的上升趋势，向下运行，形成"跑道陷阱"。经过短期横盘整理后，2012 年 2 月 22 日，该股回到前期的平台区域，并开始向上突破。在 2012 年 3 月 12 日，股价达到最高。

投资者见此形态出现，不应对该股失去信心，否则将会失去快速套利的大好时机。而手中没有持有该股的投资者，可在此形态出现后，在股价回到前期平台区域时进行买入操作，继而快速套利。

案例（二）：光大证券（601788）

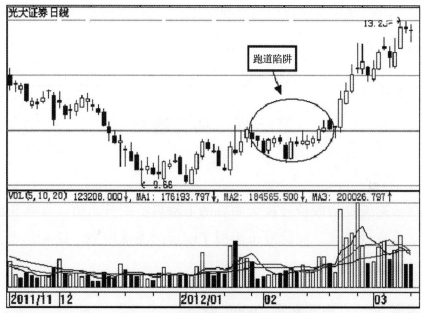

图 7-4 光大证券（601788）K 线图

如图 7-4 所示，2012 年 1 月 19 日，光大证券（601788）从阶段性底部开始缓慢上升，但不久之后，该股改变原有的上升趋势，突然向下破位运行，因而形成跑道陷阱。经过一段时间的横盘整理后，2012 年 2 月 21 日，该股回到前期平台区域，并开始向上突破。2012 年 3 月 8 日，该股股价达到最高。

投资者见此形态出现，应及时把握快速套利的时机。对于短线投资者来说，跑道陷阱是极佳的买点，应当好好把握时机，可以逢低吸纳，进行买入操作，快速套利。

【买卖要点】

投资者见到个股形成跑道陷阱形态，需要注意以下两个方面：

（1）当个股出现跑道陷阱形态时，表明庄家震仓过程已经完成。庄家为了捡到更多的便宜货，就利用这种陷阱来吓退意志不坚定的投

资者。该形态出现后，股价将会有一轮猛烈的上涨行情。

（2）对于短线投资者来说，跑道陷阱是极佳的买入点。短线投资者见此形态出现，不要盲目地将股票抛出，应该把握时机，逢低吸纳，快速套利。

第三节　乌云遮天

乌云遮天是指股价经过大幅度的上涨后，上升乏力，在高位区域收出了连续的阴线，同时股价出现了明显的滞涨现象。这种形态具有很强的看跌功能。

案例（一）：中海发展（600026）

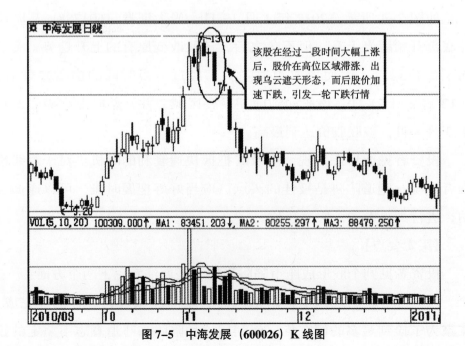

图7-5　中海发展（600026）K线图

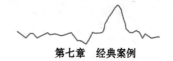

如图 7-5 所示，中海发展（600026）在经过一段时间的上涨行情后，2010 年 11 月 4 日，股价运行到高位区域时，连续收出四条阴线，出现乌云遮天形态。这表明股价上升乏力，是庄家出货的征兆。而后股价则快速下跌，呈现出新一轮的下跌行情。这是强烈的看跌信号。

投资者可在形成这种形态当天就卖出，或在第二天收出十字线时果断清仓出局。

案例（二）：中国石化（600028）

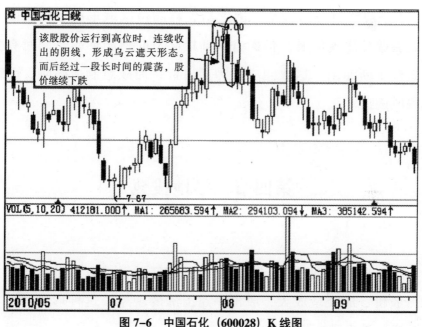

图 7-6　中国石化（600028）K 线图

如图 7-6 所示，中国石化（600028）经过一段时间的大幅上涨行情后，2010 年 8 月 3~5 日，股价在高位区域连续收出三条阴线，形成乌云遮天形态。但这种形态之后，该股并没有立刻走出一波下跌的行情，而是从 2010 年 8 月 11 日到 2010 年 9 月 14 日，经过了一个多月的震荡整理之后，才进入到了下跌行情。这是庄家为了出货，引诱投资者跟风接盘故意拉出的。

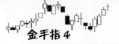

投资者见此形态出现，一定要高度谨慎，可在该形态形成当天就清仓出局。在股价震荡整理的过程中，投资者极易被套牢，因此一定要提高警惕，不要盲目买进。

【买卖要点】

投资者见到个股形成乌云遮天形态，需要注意以下两个方面：

（1）个股股价经过大幅上涨后，在高位区域出现了乌云遮天形态。并且，股价在该形态形成之前已经经历了一波加速拉升的行情，这表明庄家正在出货，后市股价将会继续下跌。

（2）个股股价经过大幅上涨之后，在高位区域形成了乌云遮天形态。之后股价出现回升，但回升到前期高点时遇阻回落，同时有主动性的卖单不断涌出，这表明庄家为了出货，而故意制造陷阱，引诱投资者跟风接盘。

第四节　旱地拔葱

旱地拔葱是指股价在上涨初期或底部区域，多方力量突然发力迅速拉升股价，成交量放大，股价一路上涨的现象。这种形势预示着股价将迎来一波上涨行情。

案例（一）：包钢股份（600010）

如图 7-7 所示，包钢股份（600010）经过长期下跌行情后，股价在底部区域运行，出现旱地拔葱的形态。从 2011 年 12 月 22 日起，股价开始了一波快速上涨的行情，同时，成交量也在不断增加，这表明场外资金入场积极，是股价走强信号。

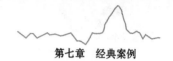

投资者见此形态出现，不能错失良机，应大胆进行买入操作。

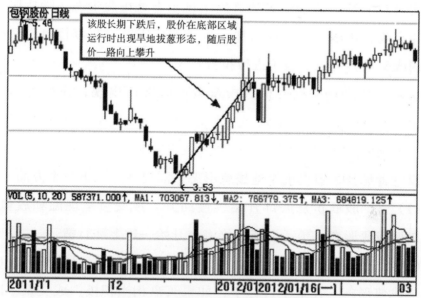

图 7-7　包钢股份（600010）K 线图

案例（二）：中国石化（600028）

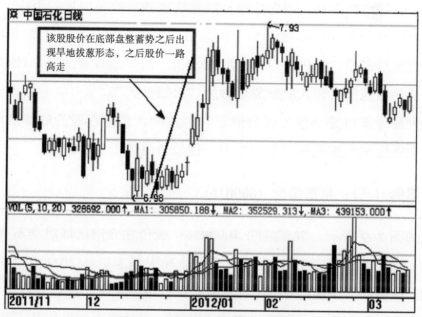

图 7-8　中国石化（600028）K 线图

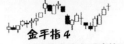

如图 7-8 所示，中国石化（600028）股价在底部盘整一段时期后，2011 年 12 月 23 日，股价蓄势之后出现了旱地拔葱形态。随后股价开始一路高走，出现一轮上涨行情。这表明庄家此时高度控盘，只需要很少的成交量就可以对股价进行拉升。

这是一个进场的好时机，投资者见此形态出现，完全可以放心买进。

【买卖要点】

投资者见到个股出现旱地拔葱形态，需要注意以下三个方面：

（1）当个股股价从底部开始缓慢回升，成交量呈现温和放量时，出现旱地拔葱形态，预示后市股价将会开始一轮上涨行情。

（2）个股股价在底部区域运行，并经过长期的横盘蓄势后，出现了旱地拔葱形态。在这个过程中，如果买盘相当积极，成交量不断放大，那么股价必将迎来一波上涨行情。

（3）如果旱地拔葱形态出现在股价长期上涨之后的高位区域，那么就要引起高度重视。因为这很可能是庄家故意拉高出货的手法。

根据股价的拉升速度，旱地拔葱可以分为两种形态，上面介绍的旱地拔葱形态中，股价的拉升速度比较快。但旱地拔葱的另一种形态，其股价会急速拉升，人们形象地称为"火箭冲天"。

火箭冲天也是一种看涨的形态。火箭冲天是指在股价底部区域或股价上涨途中，多方力量集中发力，使股价迅速上涨的现象。

案例（三）：招商银行（600036）

如图 7-9 所示，招商银行（600036）股价在底部区域启动不久后，经过一段时间的震荡整理后出现了火箭冲天形态。从 2011 年 2 月 24 日起，该股股价快速拉升，出现一波上涨行情。从图 7-9 可以看出，在股价整理的过程中，成交量呈现缩小状态，可见盘中的抛压并不严重。

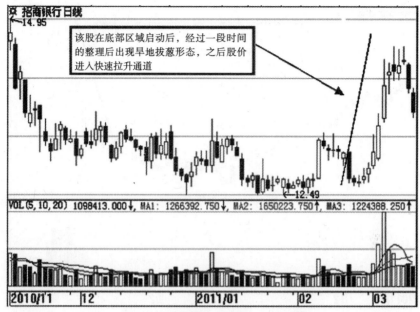

该股在底部区域启动后，经过一段时间的整理后出现旱地拔葱形态，之后股价进入快速拉升通道

图7-9　招商银行（600036）K线图

见此形态出现，激进型投资者可在该形态形成当天进场买入，而稳健型的投资者可在该形态形成后的第二天高开时买进。

案例（四）：青山纸业（600103）

如图7-10所示，青山纸业（600103）股价经过一段时间的缓慢上升后，2012年2月21日，股价开始急速拉升，出现火箭冲天形态。在该形态出现之前，该股股价出现小幅回落，表明庄家在洗盘。这一形态的出现是股价继续走强的信号。

投资者见此形态出现，可在该形态出现当天进行买入操作，果断买进股票。

【买卖要点】

投资者见到火箭冲天形态出现，需要注意以下两个方面：

（1）当个股股价在底部区域运行，同时成交量呈现温和放量，股价稳健上涨，在形成火箭冲天形态当天成交量迅速放大的情况下，预

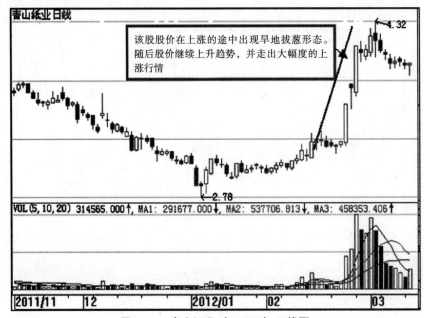

图7-10　青山纸业（600103）K线图

示后市股价将会呈现一轮上涨行情。投资者应把握此时的买入时机。

（2）如果火箭冲天形态出现在股价经过大幅上涨之后，那么应该引起高度重视，这很可能是庄家为了出货，故意拉高所致。

第五节　长阳突破

所谓的突破是指股价在上涨途中出现了一段时间的横盘整理，或股价在长期下跌之后进入底部区域时，股价有一段横盘筑底的过程。长阳突破是指股价在横盘整理后，突然发力向上拉升股价，到收盘时收出一根上涨的放量的长阳线的现象。长阳突破代表了上涨行情的到来。

案例（一）：东吴证券（601555）

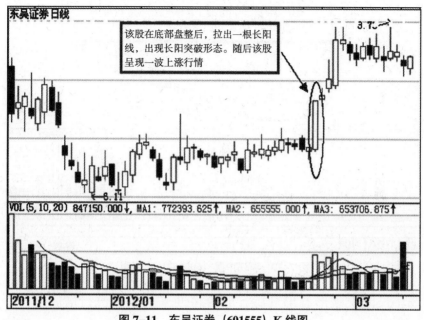

东吴证券 日线

该股在底部盘整后，拉出一根长阳线，出现长阳突破形态。随后该股呈现一波上涨行情

3.7...

VOL(5,10,20) 847150.000↓, MA1: 772393.625↑, MA2: 655555.000↑, MA3: 653706.875↑

2011/12   2012/01   02   03

图 7-11　东吴证券（601555）K 线图

如图 7-11 所示，东吴证券（601555）在底部区域盘整一段时间后，2012 年 2 月 22 日股价拉出一条放量长阳线。随后股价一路高走，出现一轮上涨行情。

激进型投资者可在形成这根突破性阳线的当天收盘时进场买入，而稳健型的投资者可以等到股价第二天继续走强、买盘积极入场时进行买入操作，以降低风险。

案例（二）：浙江广厦（600052）

如图 7-12 所示，浙江广厦（600052）在上涨的途中，股价经过一段长期的小幅横盘整理之后，2012 年 2 月 24 日，收出一根放量长阳线，出现长阳突破形态。在出现该形态之前的一天收出一根放量小阴线，这是启动前的回探动作。否则股价就不可能在隔日拉出这根放量

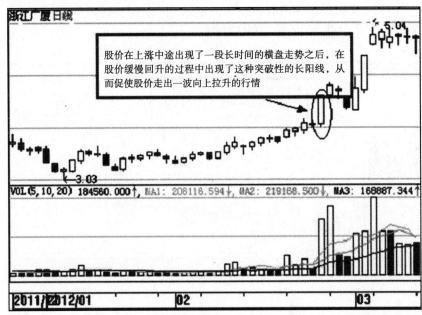

股价在上涨中途出现了一段长时间的横盘走势之后，在股价缓慢回升的过程中出现了这种突破性的长阳线，从而促使股价走出一波向上拉升的行情

图7-12　浙江广厦（600052）K线图

长阳线。长阳突破形态出现后，股价将迎来一波上涨行情。

此时，投资者应该把握买入时机。稳健型投资者可在收出放量长阳线后买入。而激进型投资者则不用等到长阳线形成之后再去买进，可在当天盘中上涨的过程中就买入。

【买卖要点】

投资者见到长阳突破形态出现，需要注意以下四个方面：

（1）在出现这种长阳突破形态之前，股价必须经过横盘整理的走势。同时，横盘时间越长越好，成交量越少越好，并且不能出现大量的抛压。

（2）在出现这种长阳突破形态之前，最好是在股价刚脱离或刚启动底部时出现，而且股价的上涨幅度不能太大。

（3）在形成这根阳线时需要有成交量的配合，庄家高度控盘的除外。

（4）在形成该形态的过程中，不能出现大量的抛压。

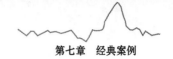

第六节　巨量长阳

巨量长阳是指经过一波快速上涨之后出现的形态。一般而言，长阳线是一种看涨的信号，但要注意，出现长阳线不一定代表股价一定会上涨，所以我们要具体情况具体分析。

案例（一）：中国医药（600056）

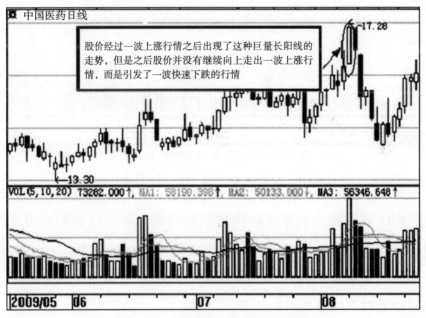

图 7-13　中国医药（600056）K 线图

如图 7-13 所示，中国医药（600056）股价在经过一波上涨行情之后，出现了这种巨量长阳线形态。这种形态之后，隔日收出的阴线使股价迅速走低，最终引发一波快速下跌行情。这往往是庄家故意拉升股价，这么做是为了完成出货的目的，并借此来诱导投资者跟风接盘。

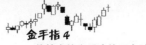

投资者见此形态出现，不要被庄家设计的陷阱迷惑，应果断进行卖出操作。

案例（二）：五矿发展（600058）

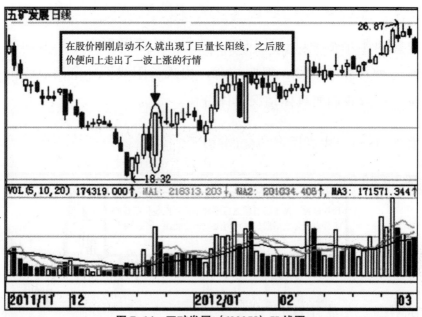

图 7-14　五矿发展（600058）K 线图

如图 7-14 所示，五矿发展（600058）股价刚刚启动不久，2011年 12 月 21 日，就出现了这种巨量长阳线的走势。这表明买方在不断发力，是较为理想的买点。随后股价迎来一波上涨行情。

此时，投资者可在出现巨量长阳线之前就可买入，或者在第二天出现回探受到支撑而回升时再买入。

【买卖要点】

投资者见到巨量长阳形态出现，需要注意以下三个方面：

（1）个股股价刚从底部区域启动不久后，出现了三个巨量长阳线，尤其是在这之前股价经过了一段时间的筑底整理，那么后市股价将会迎来一波上涨行情或者反弹行情。

（2）当个股股价运行到重要技术压力位置附近时出现了巨量长阳线，就要依据盘中抛压的大小来判断行情。如果在收出巨量长阳线当天，盘中抛压很小，股价上涨幅度不大，并且隔日仍将继续走强，由于主动性买单或庄家对倒单造成成交量放大的情况下，那么后市很可能继续上涨的行情；如果在盘中抛压严重，股价大幅回落的情况下，那么后市股价将会出现回落的行情。

（3）如果个股股价经过大幅上涨后在高位出现巨量长阳线，并且当股价被拉高到一定程度后有大量的主动性卖盘涌出，当天盘中出现大量对倒单时，投资者应当谨慎行事，这往往是庄家出货所致。

第七节　巨量长阴

巨量长阴是指在股价上涨的阶段性高点，或在股价经过长期上涨之后的高位出现一根长长的阴线的现象。成交量在此时也会放大。巨量长阴是一种看跌的市场信号。

案例（一）：宋都股份（600077）

如图 7-15 所示，宋都股份（600077）在经过一段长时间的上涨行情后，股价运行到高位区域时，2011 年 11 月 11 日，出现巨量长阴形态。这表明该股股价见顶完成，庄家在拉高出货，后市股价将迎来一波急速下跌的行情，是强烈的看跌卖出信号。

投资者见到这种巨量长阴线后，应在形成当天果断进行卖出操作，及时清仓出局。而反应快的投资者可在该形态形成当天低开并一路走低时果断卖出。

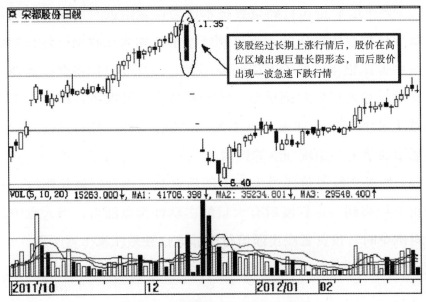

该股经过长期上涨行情后，股价在高位区域出现巨量长阴形态，而后股价出现一波急速下跌行情

图 7-15 宋都股份 (600077) K 线图

案例 (二)：皖维高新 (600063)

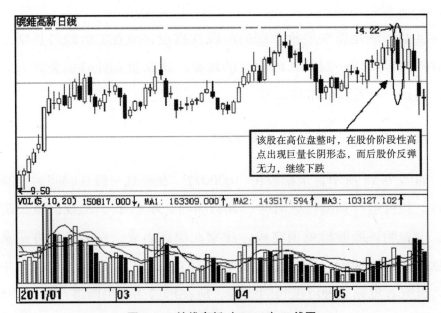

该股在高位盘整时，在股价阶段性高点出现巨量长阴形态，而后股价反弹无力，继续下跌

图 7-16 皖维高新 (600063) K 线图

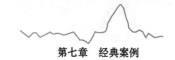

如图 7-16 所示，皖维高新（600063）经过一波上涨行情后，2011年 5 月 23 日，在股价阶段性高点出现巨量长阴形态。之后收出的阳线使股价虽有小幅回升，但再次收出的阴线使股价继续下跌。这表明股价受到了获利回吐抛压的阻力，后市股价将会出现下跌行情。

投资者不要被股价暂时反弹回升的现象迷惑，期待后市股价继续上涨到新高点。见此形态出现，投资者应果断进行卖出操作，及时清仓出局。

【买卖要点】

投资者见到巨量长阴形态出现，需要注意以下两个方面：

（1）当巨量长阴形态出现在股价经过大幅上涨后的高位区域时，在形成这一过程中，如果出现大量主动性抛压，有大单挂出但没有成交的情况下，则是庄家在出货，投资者就要在当天清仓出局。

（2）当巨量长阴形态出现在股价短期内有较大幅度上涨时，在形成这一过程中，如果在该形态形成当天，盘中抛压很大的情况下，后市将会出现一波回落整理的行情，投资者应在当天及时卖出。

第八节　一线冲天

一线冲天包括两种形态，即高位架天线和高位十字。

高位架天线是一种看跌的市场形态，是指股价经过长时间上涨进入高位区域运行时，突然出现大幅度的冲高回落，截至收盘时收出一根带长上影线的 K 线。这条 K 线可以是阳线，也可以是阴线。

案例（一）：浙江广厦（600052）

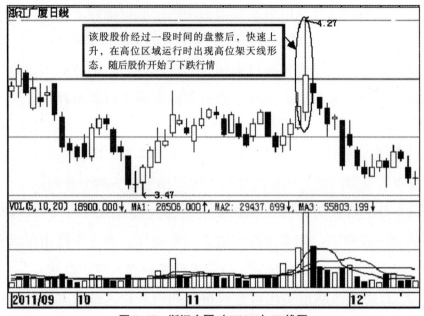

图7-17　浙江广厦（600052）K线图

如图7-17所示，浙江广厦（600052）在上涨途中，经过一段时间的盘整后，股价开始快速上升。2011年11月23日，股价运行到高位区域时出现高位架天线形态。从2011年11月24日起，连续收出的三根阴线使股价进入下跌通道，后市股价将迎来一波下跌行情。

投资者应在股价冲高回落形成这种高位架天线形态的当天果断进行卖出操作，及时清仓出局。没有来得及在此形态形成当天卖出的投资者，可在股价再次回升，由于受到阻力无法突破前期高点时立刻卖出，避免被越套越牢。

案例（二）：澄星股份（600078）

如图7-18所示，澄星股份（600078）在经过一段时间的震荡上涨行情后，2011年9月22日，股价在高位区域运行时，出现高位架天

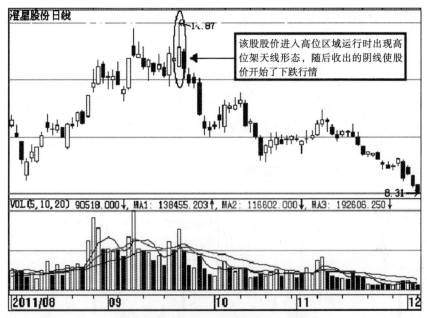

该股股价进入高位区域运行时出现高位架天线形态，随后收出的阴线使股价开始了下跌行情

图7-18 澄星股份（600078）K线图

线形态。这是一个看跌的信号。从2011年9月23日起，连续收出多根阴线，使股价快速下跌。后市将会迎来一波下跌行情。

投资者见此形态出现，应该果断进行卖出操作，清仓出局，因为后市股价将会出现较大的跌幅。

【买卖要点】

投资者见到高位架天线形态出现，需要注意以下两方面：

（1）在形成高位架天线的过程中，如果股价并不是因为盘中出现大量主动性买单而被快速拉升，那么此时出现该形态则是股价下跌的信号，后市股价将会出现一波下跌行情。投资者此时应果断卖出，清仓出局。

（2）在形成高位架天线形态之后，如果股价出现一段时间的缓慢回升，并且成交量呈现放大状态，股价在回升到该形态最高点附近时受阻回落，同时有大量主动性卖单涌现，那么这是庄家出货所致，后市股价也将迎来一波下跌行情甚至是暴跌。投资者此时必须果断进行

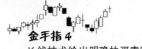

卖出操作，立刻清仓出局。

高位十字也是一种看跌的市场形态，是指当股价经过大幅度的上涨后出现一根十字线的形态。在这种形态下，有些个股会有一个冲高的过程，但大多数则会下跌，并且将会是大跌。高位十字形态也是一种非常常见的形态。该形态的看跌功能也相当强。

案例（三）：啤酒花（600090）

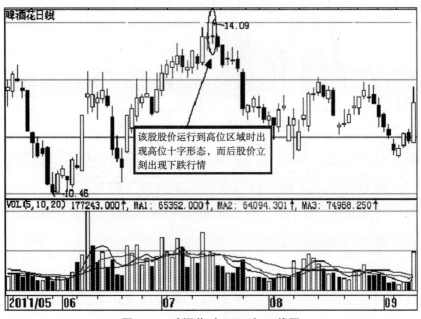

图7-19　啤酒花（600090）K线图

如图 7-19 所示，啤酒花（600090）在经过一段时间的上涨行情后，2011 年 7 月 15 日，股价运行到高位后出现高位十字形态。随后接连两个交易日收出的阴线，使股价立刻进入下跌通道，并最终引发了一波震荡下跌的行情。

投资者见此形态出现，应及时作出卖出决定。稳健型的投资者可在该形态形成当天清仓出局。而激进型的投资者可在收出该形态的第三天，股价出现一根红十字线时，及时进行卖出操作，不能再有犹豫，

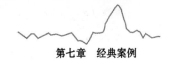

避免被越套越牢。

案例（四）：重庆路桥（600106）

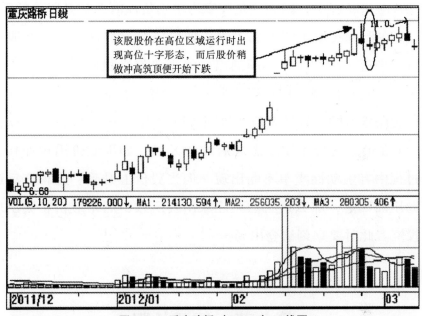

图 7-20　重庆路桥（600106）K 线图

如图 7-20 所示，重庆路桥（600106）经过一段长期的上涨行情后，2012 年 2 月 28 日，股价在高位区域运行时，出现了高位十字形态。而后股价稍做冲高，2012 年 3 月 6 日，完成筑顶。随后收出的阴线，使股价下跌。这预示着该股筑顶完成，后市股价将会出现一波下跌行情。

高位十字形态出现后，虽然股价有小幅冲高，但这是为了完成筑顶，因而投资者不要被这种现象迷惑。见到这种形态出现，投资者在该形态形成当天，就应该果断进行卖出操作，立刻清仓出局，毕竟股价已有大幅上涨，此时风险远远大于收益。

【买卖要点】

投资者见到高位十字形态出现，需要注意以下三个方面：

（1）在形成高位十字形态之前，如果股价在快速拉升的过程中，成交量持续放大，并且有大手笔的对倒单将股价拉起，那么后市股价将会迎来一波下跌行情，而且多是大幅度的下跌行情。投资者见此形态出现，应果断卖出，因为这是庄家为了出货而故意拉高股价的手段。

（2）在形成高位十字形态当天，如果成交量快速放大，在股价冲高的过程中有主动性卖单不断涌出，但当股价受阻回落时，盘中却很少有主动性买单出现，那么后市股价也会出现下跌行情。因为这是庄家在出货而导致的。投资者应当果断进行卖出操作，及时清仓出局。

（3）在形成高位十字形态之后的几天里，如果股价出现冲高，在这个过程中有主动性卖单不断出现，但当股价上升到一定程度后遇到盘中抛压而回落，那么这必然是庄家出货所致，后市股价将会出现暴跌。投资者此时要立刻清仓出局。

第九节　低开长阳

低开长阳是指股价以大幅度低于前一天的开盘价格开盘，但是开盘之后价格开始一路飙升的现象。在这个过程中，股价会出现回落，但股价会很快企稳后再次攀升，最后收出一根长阳线，这种现象就是低开长阳。低开长阳一般出现在股价经过长期下跌之后的筑底过程，或是在股价上涨中途的回落过程。

案例（一）：凤凰光学（600071）

如图 7-21 所示，凤凰光学（600071）的股价经过一波下跌行情之后，2010 年 5 月 21 日，在低位出现了低开长阳的形态，并且当天股

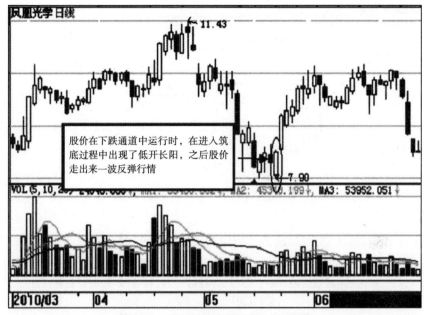

图 7-21 凤凰光学 (600071) K 线图

价创出了本轮行情的新低，随后出现了一波反弹的行情，股价开始走高。这表明后市股价将开始一轮新的上涨行情。

投资者见此形态出现，应时刻关注盘中的动态。如果投资者技术功底扎实，可在形成低开长阳形态的当天进场买入。相对保守的投资者，为了降低风险，可在第二天收出这根阳线时再进行买入操作。

案例（二）：明泰铝业 (601677)

如图 7-22 所示，明泰铝业 (601677) 在经过一段时间的下跌行情后，2012 年 1 月 5 日，股价筑底完成。2012 年 1 月 6 日，股价开始向上回升。该股在上涨的途中，股价出现回落。在 2012 年 1 月 17 日，股价低开高走，出现了低开长阳形态。这表明该股价的开盘价是当天的最低价，可以断定庄家在洗盘，后市股价仍将继续上涨行情。

投资者见此形态的出现，应当坚定持股信心，可进行适当的买入操作，以获得长期收益。

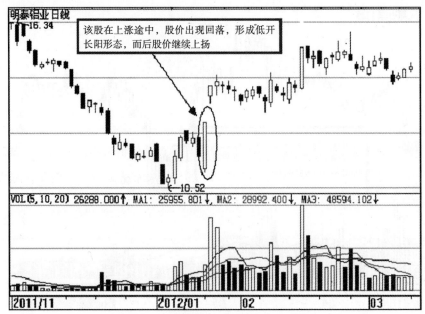

明泰铝业日线
T↑16.34

该股在上涨途中，股价出现回落，形成低开长阳形态，而后股价继续上扬

←10.52

VOL(5,10,20) 26288.000↑ MA1: 25955.801↓ MA2: 28992.400↓ MA3: 48594.102↓

2011/11   2012/01   02   03

图7-22　明泰铝业（601677）K线图

【买卖要点】

投资者见到个股形成低开长阳形态，需要注意以下三个方面：

（1）当个股经过长期下跌行情，股价在底部区域出现明显的止跌企稳迹象，盘中卖盘稀少，没有出现大量抛压现象时，低开长阳形态的出现是一个看涨信号，后市股价将会出现一波反弹行情。投资者可适时进行买入操作。

（2）当个股行情反弹，在上升途中股价出现回落时，出现了低开长阳形态。当形成该形态的当天，股价的开盘价就是当天的最低价时，说明庄家正在洗盘，后市的股价仍将继续上涨。投资者见此看涨信号，可以适时进场买入。

（3）当股价经过大幅上涨，在高位停留时，此时如果出现低开长阳形态，应当引起投资者的注意。这很可能是庄家为了出货而故意制造的陷阱，以此达到引诱投资者入场接盘的目的。

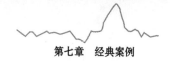

第十节 跳空破位

跳空破位是指个股在下跌的行情中，股价出现了几天或者一段时间的小幅震荡横盘，结束震荡后股价却没有出现上涨，而是依旧向下运行，并且开盘就出现向下跳空的现象。这是一种看跌信号。

案例（一）：梅花集团（600873）

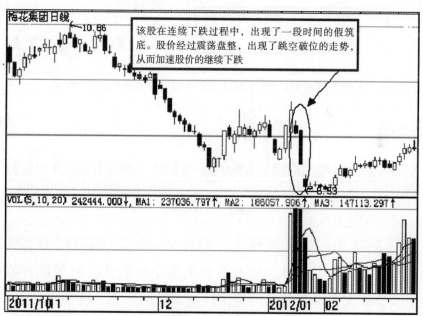

图 7-23 梅花集团（600873）K 线图

如图 7-23 所示，梅花集团（600873）经过一段时间的下跌行情后，2011 年 12 月 16 日，股价出现反弹。而后股价开始了一段时间的震荡横盘，随后在 2012 年 1 月 11 日，出现了跳空破位这种形态。这表明之前的筑底是假筑底，股价经过震荡横盘，也没有真正走出下跌

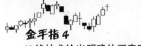

行情，股价仍将继续下降。

投资者见此形态出现后，不应急于买进。并且，当股价向下跳空的这一天，持股投资者应果断清仓出局，因为新一轮的下跌行情即将开始。

案例（二）：三普药业（600869）

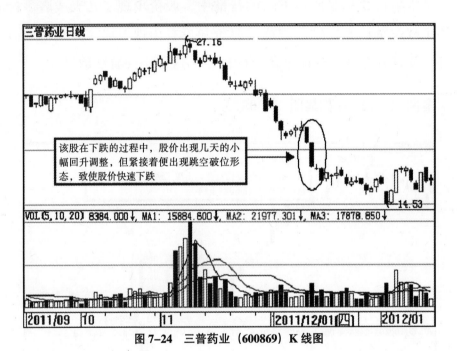

图7-24　三普药业（600869）K线图

如图7-24所示，三普药业（600869）经过一段时间的下跌行情后，2011年12月7~9日，该股股价出现小幅回升，但紧接着收出的阴线使股价再次下降。随后出现了跳空破位的形态，使股价快速下跌。这是一个明显的弱势信号。

持币投资者不应被股价的小幅回升迷惑，见到跳空破位形态的出现，不应有任何的买入行为。而持股投资者见此形态出现，应果断做出卖出决定，及时清仓出局。

【买卖要点】

投资者见到个股形成跳空破位形态，需要注意以下两个方面：

（1）个股股价出现较长一段时间的横盘，在这个过程中，成交量增加，并且有主动性的卖单出现，接着出现跳空破位形态，那么后市股价仍将继续下跌行情。

（2）个股股价只出现了几天的横盘，在这个过程中，不断有主动性卖单涌出，之后出现跳空破位形态，那么后市股价也会引发一波加速下跌行情。